EIN JAHR UND EIN TAG

EDELTRAUD WACHTLER

Ein Jahr und ein Tag

MEINE REISE UM DIE WELT

Papermoon Verlag

IMPRESSUM

verantwortlich für den Inhalt ist die Autorin Edeltraud Wachtler
Lektorat: Ute Mayer

Gutenbergstr. 1, 71101 Schönaich,
www.ratz-werbung-druck.de
Satz & Gestaltung: Claudia Ratz
Druck: Ratz Werbung + Druck GmbH

Printed in Germany with love 2011

ISBN 978-3-9814324-2-8

INHALT

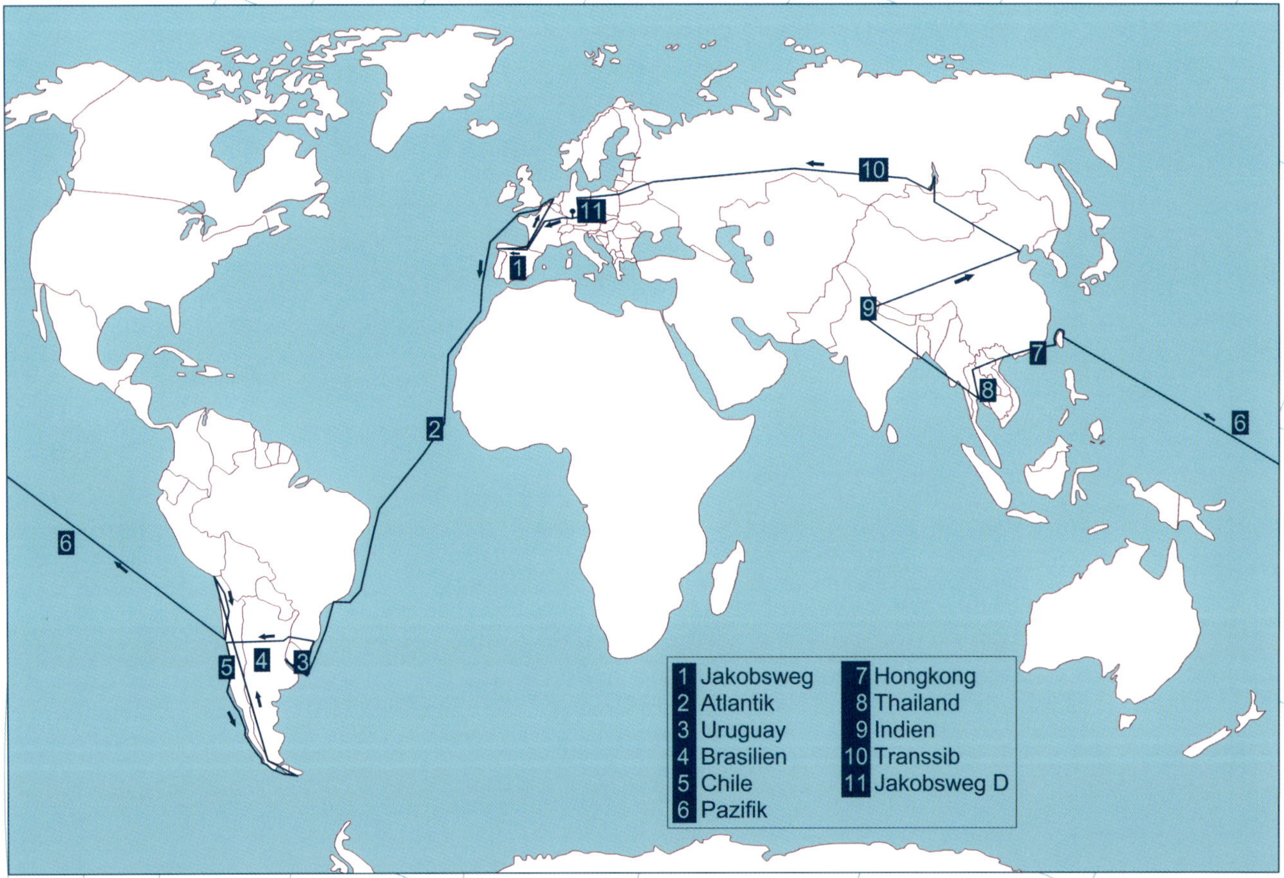
10
11
1
2
9
7
8
6
6
5
4
3
1 Jakobsweg
2 Atlantik
3 Uruguay
4 Brasilien
5 Chile
6 Pazifik
7 Hongkong
8 Thailand
9 Indien
10 Transsib
11 Jakobsweg D

PROLOG Und los geht's

JEDE REISE BEGINNT MIT DEM ERSTEN SCHRITT

Am Montag, den 13. August 2007, fährt der Zug um 12.13 Uhr in Asperg ab. Eine symbolische Uhrzeit, da die Zahl 12 die Zahl der Vollendung und die Zahl 13 die Zahl des Neubeginns ist. Eine bessere Abfahrtszeit hätte es für meine große Reise nicht geben können.

Morgens frühstücken meine sechs Übernachtungsgäste und ich bei meiner Nachbarin Margot. Alle zusammen waren wir am Tag zuvor auf dem Michaelsberg bei meinem Tanzfest gewesen. Dort haben wir mit einem Ritual meinen 50. Geburtstag gefeiert. Zum Abschluss erhielten Annerose, meine Wegbegleiterin auf dem Jakobsweg, und ich noch den Jakobssegen.

Nun marschieren wir zu Fuß zum Bahnhof. Zum Abschied spricht Margot noch den irischen Reisesegen und dann geht's los. Das Abenteuer „Weltumrundung" kann beginnen.

Doch der erste Schritt für meine Weltumrundung hatte genau genommen schon viel früher begonnen. Bereits 1999 nach meiner Motopädieausbildung (Bewegungstherapie) in Dortmund träumte ich von einem Sabbatjahr. Doch nach der Ausbildung musste ich erst einmal wieder Geld verdienen. Zwei Jahre später reichte ich dann den entsprechenden Antrag ein. Ich entschied mich für einen Siebenjahresvertrag, das bedeutet: sechs Jahre arbeiten mit einem Gehaltsverzicht von einem Siebtel und im siebten Jahr erfolgt dann die Freistellung. Das Geld, das in all den Jahren einbehalten wurde, wird mir in meinem freien Jahr wieder zurückbezahlt. So ein Sabbatjahr ist einfach eine tolle Möglichkeit. Ganz unbewusst bin ich mit den sieben Jahren einer biblischen Tradition gefolgt, in der der siebte Tag ein Ruhetag ist. Bei mir ist nun das siebte Jahr ein Ruhejahr, zumindest vom Beruf her.

Im Lauf der Jahre kamen mir einige Ideen, wie ich das Jahr gestalten könnte, aber die endgültige Planung begann erst im Januar 2007. Zum einen wurde der Reiseverlauf immer konkreter, zum anderen gab es auch für die Zeit meiner Abwesenheit hier zu Hause einiges zu erledigen. Ich hatte mir einen Ordner mit Informationen angelegt, auf den ich bei der Planung zurückgreifen konnte. Vieles konnte ich dadurch zügig abarbeiten. Erstaunlicherweise gab es kaum Schwierigkeiten. Mein Vorhaben schien unter einem guten Stern zu stehen. Die Menschen in meinem Umfeld unterstützten es wohlwollend. Die ersten Schritte waren getan, als die Reise wirklich losging.

Viel zu spät begreifen viele
die versäumten Lebensziele:
Freude, Schönheit der Natur,
Gesundheit, Reisen und Kultur.
Darum, Mensch, sei zeitig weise!
Höchste Zeit ist's! Reise, reise!

Wilhelm Busch

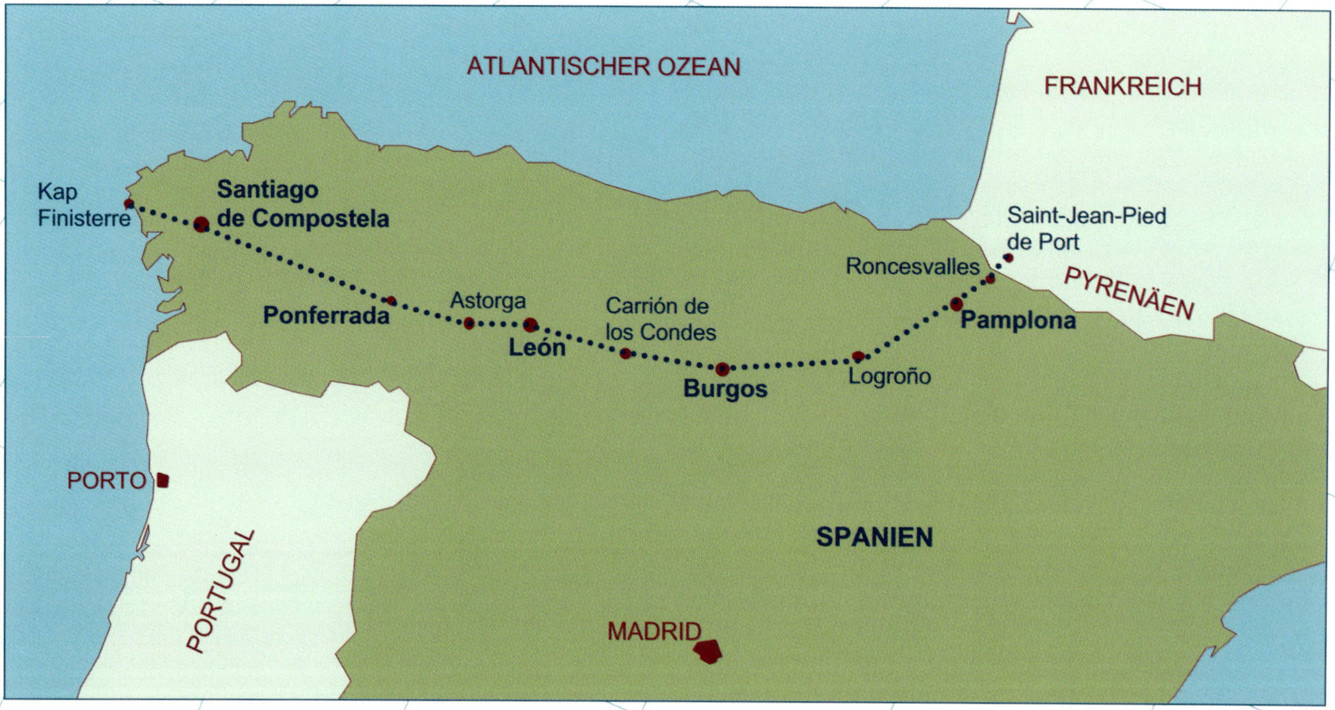
ATLANTISCHER OZEAN
FRANKREICH
Kap
Finisterre
Santiago
de Compostela
Saint-Jean-Pied
de Port
Roncesvalles
PYRENÄEN
Astorga
Carrión de
los Condes
Ponferrada
León
Pamplona
Burgos
Logroño
PORTO
SPANIEN
PORTUGAL
MADRID

KAPITEL 1 *I dit it – my way*

AUF DEM JAKOBSWEG VON SAINT-JEAN-PIED-DE PORT NACH SANTIAGO DE COMPOSTELA UND KAP FINISTERRE

SO WEIT DIE FÜSSE TRAGEN – UND DARÜBER HINAUS

Am 16. August 2007 starte ich in Saint-Jean-Pied-de Port, einer romantischen Kleinstadt an der Nordseite der Pyrenäen. Als ich in der Altstadt durch das Spanische Tor gehe, beginnt für mich meine persönliche Pilgerschaft. Es nieselt leicht und ich habe einen acht Kilometer langen Anstieg vor mir. Das ist von der Länge her ein guter Einstieg, aber zum Schluss zieht sich der Weg dann doch und ich bin froh, als ich nach einer Kurve endlich die Herberge sehe. Dort knüpfe ich bereits die ersten Kontakte mit anderen Weggenossen: „Aus welchem Land kommt ihr? Wie weit wollt ihr gehen? Aus welchem Grund geht ihr den ‚camino' (wie hier der Jakobsweg heißt)?" Schon am nächsten Morgen gehen wir bunt gemischt oder auch allein den weiteren Anstieg hinauf – immerhin sind an diesen beiden Tagen 1 200 Höhenmeter zu bewältigen. Auf dem Pass mit seinen 1 420 Metern werden wir mit einer stimmungsvollen Aussicht auf die Pyrenäen belohnt. Für mich ist es wie ein Blick in die Ewigkeit. Der Abstieg hat es jedoch ganz schön in sich und als ich am späten Nachmittag in Ronchesvalles ankomme, schmerzen meine Füße ziemlich. Aber damit habe ich gerechnet. Die Herberge in der Abtei in Ronchesvalles ist ein besonderes Erlebnis. Ich übernachte mit hundert Pilgern in einem großen Raum und bin erstaunt, wie rücksichtsvoll die Pilger miteinander umgehen. Obwohl es für uns Frauen nur drei Duschen gibt, meckert niemand. Alle stehen geduldig an und warten, bis sie dran sind. Auch im Schlafsaal wird darauf geachtet, dass man beim Suchen und Sortieren im Rucksack nicht zu laut ist. Als später um 22.00 Uhr

das Licht ausgemacht wird, verhalten sich alle so leise wie möglich. Es ist eine tolle Erfahrung.

Die meisten Pilger gehen zum Abendgottesdienst. Dort wird uns der Pilgersegen zugesprochen. Leider verstehe ich kein Spanisch, doch ich gehe davon aus, dass der Pilgersegen in Rochchesvalles dem ähnelt, mit dem dort schon 1078 die Pilger gesegnet wurden.

Die *Benedicion de Peregrinos'* lautete damals:

> *„O Gott, Du hast Deinen Knecht Abraham aus der Stadt Ur in Caldea herausgerufen. Du hast ihn behütet auf all seinen Pilgerreisen; Du warst auch der Führer des hebräischen Volkes durch die Wüste. Wir bitten Dich, behüte auch diese Deine Diener, die aus Liebe zu Deinem Namen zur Pilgerreise nach Santiago de Compostela aufbrechen. Sei ihnen Begleiter während ihres Unterwegsseins, Führer auf ihrem schweren Weg, Kraft in der Müdigkeit, Verteidiger in allen Gefahren, Ruheort auf dem Weg, Schatten in der Hitze, Licht im Dunkel, Trost in Mutlosigkeit und Stärke in ihren Vorsätzen, damit sie unter Deiner Leitung unbeschädigt ans Ziel ihrer Reise gelangen. Damit sie reich an Gnaden und Tugenden heil zurückkehren können in ihre Heimat (die wegen ihrer Abwesenheit leidet) und dort gesund und voll steter Freude leben. Der Segen des Allmächtigen, des Vaters und des Sohnes und des Heiligen Geistes komme über Euch alle und bleibe mit Euch. Amen. Herr Sankt Jakob, großer Santiago, jetzt und immer! Gott helfe uns.“*

Mit diesem Segen und Dank meiner Ohropax kann ich erstaunlich gut schlafen. Am nächsten Morgen ist es unangenehm kühl. Ich würde ein paar dünne Handschuhe gut gebrauchen können. Wegen meiner Füße habe ich eine kurze Etappe eingeplant, aber am Zielort gibt es keine Unterkunft für Pilger. Das heißt: ich muss entweder zurück oder noch lange acht Kilometer weitergehen. Aber wer will schon zurückgehen! Nach diesem Schock mache ich zusammen mit anderen Pilgern eine ausgedehnte Mittagspause. Wir stärken uns mit dem Getränk des Pilgers, einem spanischen Rotwein. Danach geht es mir auf den ersten vier Kilometern tatsächlich besser, doch dann fangen die Schmerzen wieder an. Als ich ankomme, rufen die wartenden Pilger vor der Herberge bereits von weitem: „Die Albergue ist überfüllt, es gibt keinen Platz mehr und auch im Ort gibt es keine Unterkünfte mehr.“ Sie verbreiten richtig Panik. Doch das ist mir egal, weil ich einfach nicht mehr weiter laufen kann. Ich vertraue darauf, dass es für mich eine Möglichkeit zum Übernachten geben wird. Am Ende des Tages sind noch so viele Pilger gekommen, dass die Turnhalle geöffnet wird und wir auf Matratzen ganz angenehm übernachten können.

Am Tag danach lasse ich mir morgens viel Zeit. Unterwegs treffe ich Stefan, einen 26-jährigen Mönch aus Oberschwaben. Er will seinen Weg mit mir zusammen fortsetzen. Als ich ihm sage, dass ich wegen meiner Fußprobleme nicht schnell laufen kann und immer wieder Pausen brauche, passt sich Stefan meinem Tempo wie selbstverständlich an. Während der nächsten beiden Tage erzählt er mir viel aus seinem bewegten Leben. „Meine Mutter ist alkoholkrank. Meinen Vater kenne ich nicht. Ich war kein guter Schüler; die Lehrer

linke Seite: Pilgerfreund Stefan
rechte Seite: Problemfüße

haben es mit mir nicht leicht gehabt. Nach der Schule habe ich dann eine Bäckerlehre gemacht. Zu Gott fühlte ich mich schon immer hingezogen, so dass ich nach meiner Lehre in ein Kloster eintrat. Meine Mutter war über den Entschluss so geschockt, dass sie den Kontakt zu mir daraufhin abbrach. Doch für mich war dieser Schritt die richtige Entscheidung. Ich machte das Noviziat. Als ich fertig war, hörte ich von einem Rasthaus an einer Bundesstraße, das wegen finanzieller Probleme geschlossen werden sollte. Ich wollte dieses Rasthaus retten und machte der Familie einen Vorschlag: ‚Ich backe für euch Brot, das ihr verkaufen könnt und ich darf dafür in eurer Holzhütte im Wald als Einsiedler leben.' Die Besitzer willigten ein. Der Brotverkauf lief so gut, dass ich bald zweimal pro Woche backen musste. An den Abenden saß ich oft vor meiner Hütte, rauchte eine Zigarette und trank ein Bier. Als die Leute in der Umgebung mitbekamen, dass da jemand im Wald lebte, besuchten sie mich. Zunächst aus Neugierde, doch bald erzählten sie mir ihre Sorgen. Ich wurde zu einer Art Lebensbegleiter. Eine junge Frau wollte mich sogar heiraten.", schloss Stefan lächelnd.

Stefans Weg beeindruckt mich und ich bin froh, ihn kennengelernt zu haben. Leider trennen sich unsere Wege nach zwei Tagen, da er entlang des Atlantiks die Nordroute des *camino* gehen will.

Meine Füße bleiben weiterhin mein großes Problem. Ich sage mir zwar immer „listen to your body" (und tue es auch), aber ich handle leider nicht danach. So geht es

eben einer unerfahrenen Pilgerin, die sich dann einfach im Sog der anderen weiterziehen lässt – und darunter leidet. Ich weiß auch nicht so recht, wie ich die Probleme einordnen soll, weil es um den Knöchelbereich an den verschiedensten Stellen weh tut.

Als Laie stelle ich die unterschiedlichsten Diagnosen: Achillessehnenreizung, schwache Bänder, Fersensporn – eben alles, was mir so einfällt. Zehn bis zwölf Kilometer kann ich immer schmerzfrei gehen. Wenn dann die Schmerzen beginnen, schleppe ich mich meistens noch fünf bis zehn Kilometer weiter. Doch das ist einfach zu viel für mich. Am zwölften Tag, nach zweihundertsechzig Kilometern, habe ich meine Lektion gelernt. Ich weiß, dass ich stoppen muss. Am nächsten Morgen gehe ich noch siebeneinhalb Kilometer bis nach Villafranca Montes de Oca. Von dort will ich mit dem Bus bis Agès weiterfahren, doch der nächste Bus fährt erst in vier Stunden. Soll ich solange warten? In einem Supermarkt mit Bar spreche ich einen Spanier um die dreißig an, der draußen sein Auto so geparkt hat, als ob er gleich weiterfahren würde. „Guten Morgen, können Sie mir bitte helfen? Ich habe so starke Fußschmerzen, dass ich nicht mehr weiterlaufen kann und der Bus fährt erst in vier Stunden. Können Sie mich ein Stück mitnehmen?“ „Wohin willst du denn?“ „Ich will nach Agès. Du kannst mich aber an der Landstraße aussteigen lassen. Das letzte Stück kann ich dann gehen.“ Er überlegt kurz und sagt dann: „Ja, ich nehme dich mit. Warte einen Moment.“ Ich setze mich an einen Tisch und beobachte wie er zwei Schnäpse trinkt und sich noch Bier kauft. Mir kommen Zweifel, ob ich die richtige Person angesprochen habe und ob es nicht besser wäre, auf den Bus zu warten. Doch schon winkt er mir mitzukommen – und ich folge ihm nach draußen. Nachdem ich ihn angesprochen habe, will ich jetzt nicht kneifen. Im Auto bietet er mir Bier an, aber ich lehne ab. Auf was habe ich mich da nur eingelassen? Ich bete, dass ich heil ankomme. Zu meinem Erstaunen fährt er mich sogar direkt bis zur Herberge. Meine Bedenken lösen sich in Luft auf. Dieser Mann wird an diesem Tag zu meinem Engel ohne Flügel.

Eine Stunde später liege ich bereits auf der Massageliege. Es ist schon meine dritte Behandlung. Die Masseurin fragt mich gleich: „Wie viele Kilometer läufst du täglich?" „Um die zwanzig Kilometer", gebe ich zur Antwort. „Das ist eigentlich eine optimale Streckenlänge", meint sie, was mich beruhigt. Aber es nützt mir wenig, da ich ja trotzdem diese Probleme habe. Ich mache eine Pause von zweieinhalb Tagen und benutze das erste Mal die neuzeitlichen Pilgertransporte. Die Entscheidung, auch mal mit dem Bus bzw. Auto zu fahren, fällt mir nicht leicht, da ich ja den *camino* zu Fuß bewältigen will, aber es ist genau die richtige Entscheidung. Ich fühle mich auch nicht mehr als „Hedderle", wie wir Schwaben gerne sagen (gemeint ist eine Person mit schwacher Konstitution), sondern bin wieder einmal erstaunt, wie lange ich Schmerzen aushalten kann. Ja, ich habe meine erste große Lektion auf dem *camino* gelernt.

HINTER BURGOS BEGINNEN DIE WUNDER

Manuel, ein junger Deutscher, erzählt mir, dass es unter Pilgern heißt: „Hinter Burgos beginnen die Wunder." Das habe ich zwar noch nie gehört, umso mehr bin ich gespannt, welche Wunder sich bei mir ereignen werden – man hört ja so vieles vom Jakobsweg. Damit, dass bei mir die Wunder schon *in* Burgos beginnen, habe ich natürlich nicht gerechnet! Ich besichtige die Kathedrale und habe dabei meine Lesebrille auf. Vermutlich übersehe ich deshalb eine Treppenstufe und stürze auf den Steinboden. Da ich beide Hände in den Taschen meiner Trekkingweste habe, kann ich mich nicht einmal abfangen. Ich sehe mich stürzen, ohne reagieren zu können. Zwei Männer sind gleich bei mir und helfen mir auf – meine Hände stecken noch immer in den Trekkingwestentaschen. Doch es ist nichts passiert. Noch nicht einmal einen blauen Fleck habe ich davongetragen. Meine Schutzengel waren mal wieder zur Stelle. Ich nehme dieses Erlebnis als Zeichen, dass ich mich im übertragenen Sinne auf dem *camino* wirklich fallen lassen darf und getragen werde. *Eine besondere Erfahrung!*

Am nächsten Tag steige ich wieder zu Fuß in den *camino* ein. Ich kann tatsächlich besser gehen, aber die Schmerzen sind nicht wirklich weg. Schon nach drei Tagen lege ich erneut eine Pause ein. Die Masseurin an diesem Ort verkauft mir sogenannte Wunderstrümpfe, die meine Füße entlasten sollen. Ich lasse mich darauf ein, weil ich mich ziemlich hilflos fühle. Die Entscheidung, eine weitere Tagesetappe erneut mit dem Bus zurückzulegen, fällt mir beim zweiten Mal schon etwas leichter. Am Morgen bilde ich mit vier weiteren angeschlagenen Pilgern eine nette Busgemeinschaft. Zwei Tage später entscheide ich mich, mein Gepäck transportieren zu

lassen. Das ist eine wirklich gute Entscheidung, weil ich dadurch eine enorme Entlastung spüre. Immerhin habe ich jetzt zehn Kilo weniger zu transportieren. In einem Medizincenter sagte man mir, ohne meine Füße anzuschauen, ich habe *Tendinitis* – Sehnenentzündungen – da würde nichts anderes helfen, als immer wieder zu stoppen, wenn ich Schmerzen habe. Doch durch die Entlastung mit dem Gepäck erlebe ich eine ungeahnte Beflügelung. Ich kann tatsächlich zwanzig Kilometer fast schmerzfrei gehen – ein wahres Wunder nach so vielen schmerzgeprägten Tagen!!!

Von anderen Pilgern erfahre ich, dass sie einzelne Tage für bestimmte Personen gehen. Diese Idee gefällt mir so gut, dass ich sie aufgreife. Den 3. September 2007 widme ich meinem Vater zu seinem ersten Todestag und bin tief berührt über die Erfahrung, die ich dabei mache. Den 10. September 2007 widme ich meinen Kollegen zum Schuljahresanfang. Für mich ist es ein schönes Gefühl, statt in der Schule hier auf dem *camino* sein zu können. Eine weitere Übung stellt sich automatisch ein, wenn man jeden Morgen seinen Schatten auf dem Weg sieht.

Eigentlich ist es logisch, sich auch damit auseinander zu setzen. Das ist natürlich nicht so angenehm, hilft aber ungemein. Neben den vielen äußeren Eindrücken sind es immer wieder innere kleine und große Prozesse, die es zu verarbeiten gibt. Doch jedes Mal, wenn sich etwas lösen und verwandeln konnte, fühle ich mich wieder ein Stück freier. Auch durch die Erfahrungen mit meinen Füßen habe ich innerlich eine neue Freiheit gewonnen. Ich kann freier entscheiden, was für mich wirklich dran ist.

Nach Burgos ist Léon die zweite große Stadt auf dem Jakobsweg. Ein Grund, sich eine zweitägige Ruhepause zu gönnen und die Stadt anzuschauen. In Léon befindet sich die schönste Kathedrale Spaniens. Sie wurde im 13./14. Jahrhundert im Stil der französischen Gotik erbaut. Am meisten beeindrucken mich die über zweihundert Glasfenster. Neben der Kathedrale besuche ich auch die Basilika San Isidora aus dem 11. Jahrhundert. Dort entdecke ich an einer Säule einen wunderschönen Engel. Als mein Blick auf ihm ruht, fühle ich mich gleich stark angesprochen. Er hat eine sanfte und wohlwollende Ausstrahlung, die mir gut tut. Ich habe das Gefühl, dass er für mich die Funktion meines persönlichen Schutzengels übernimmt und mich auf meinem weiteren Weg innerlich begleiten wird.

LOSLASSEN UND VERTRAUEN

Leider – oder Gott sei Dank – bleiben meine Füße weiterhin das bestimmende Thema. Als es nach Léon noch einmal in die Berge geht und der Abstieg steil und schwierig ist, verschlechtert sich der Zustand meiner Füße erneut. Ich verstehe, dass ich ganz loslassen muss, ich darf mir im Kopf keine Vorstellungen mehr machen, wie es weitergehen wird. Ich weiß, dass ich mich ab jetzt ganz auf Gott einlassen und abwarten muss, was passiert. Diese Entscheidung hat mich sehr viel Mut gekostet. Oft ist man ja mit den gleichen Menschen unterwegs. Doch ab jetzt weiß ich nicht mehr, wen ich abends in der Herberge treffen werde. Aber Unglaubliches passiert: Am ersten Tag – ich gehe äußerst langsam – sprechen mich viele Pilger an, wie es mir geht. Ich kann es kaum begreifen, wie ich so im Strom der Pilger mitgetragen werde. Dann treffe ich auch noch Olivia, eine alte brasilianische Pilgerfreundin, die ich schon viel weiter voraus wähnte. Welch Geschenk an diesem Tag! Am nächsten Tag finde ich kein Taxi, das meinen Rucksack transportieren will, da die Straßen zu eng und zu steil sind. So entscheidet eine Gruppe Belgier, die mit mir in der Herberge übernachtet haben, dass sie mir meinen Rucksack abwechselnd zur nächsten Herberge tragen werden. Auch von ihrer Hilfsbereitschaft bin ich überwältigt. Plötzlich begegne ich Menschen, für die die

Tageskilometer nicht entscheidend sind. Eine Schweizerin erzählt mir, dass ihr Bekannter, der am *camino* lebt, ihr ständig sagt: „Du bist noch immer zu schnell. Du musst langsamer gehen, um in den *camino* eintauchen zu können." Das ist wirklich die beste Formulierung, die ich über den *camino* gehört habe – eintauchen und schauen, was geschieht. In O Cebreiro schlage ich in der Kirche die Bibel auf und lese in Jeremia 3, Vers 15: „Ich gebe euch Hirten nach meinem Herzen, mit Einsicht und Klugheit werden sie euch weiden." Genau das ist in den letzten Tagen geschehen. Gott ist mir ganz nah, wenn ich es auch nicht immer merke.

Zweihundert Kilometer vor Santiago habe ich zum ersten Mal Angst davor, dass der Weg bald zu Ende sein wird. Aber das Gefühl ändert sich und auf den letzten hundert Kilometern kommt sogar Freude auf.

Dazwischen gehe ich nochmals zum Masseur. Als er meine Fußgelenke untersucht, könnte ich vor Schmerzen an die Decke springen. Er ist der erste, der genau die richtigen Stellen gefunden hat. Er fragt: „Warst du früher eine Balletttänzerin?" „Nein", antworte ich, „aber ich habe Leichtathletik gemacht und war Siebenkämp-

ferin.“ Das macht ihn neugierig und er fragt weiter: „In West- oder in Ostdeutschland?“ Wahrscheinlich haben seiner Meinung nach ostdeutsche Sportler mehr gesundheitliche Schäden als westdeutsche Sportler. Er teilt mir mit: „Deine Sprunggelenke sind kaputt. Alle Pilger mit solch einer sportlichen Vergangenheit haben die gleichen Probleme wie du.“ „Und was hältst du von meinen Wunderstrümpfen?“, forsche ich nach. „Im Prinzip sind solche Strümpfe schon gut, aber die Masseurin hat dir leider die falschen verkauft. Diese Größe ist viel zu eng für dich“, antwortet er mir. Also weg damit. „Geh in die Apotheke und kauf dir ein paar Fußbandagen“, empfiehlt er mir. Das ist ein letzter Versuch wert, weil ich ja noch bis Finesterre gehen will. Tatsächlich werden meine Probleme langsam besser – wenn ich auch nie ganz schmerzfrei bin. Zum Schluss kann ich sogar wieder mit Rucksack gehen.

Das Leben auf dem *camino* reduziert sich auf das Wesentliche und trotzdem bekomme ich das pralle Leben mit – von einer Taufe über eine Hochzeit bis zu einer Beerdigung habe ich alles erlebt. Auch alle Höhen und Tiefen erlebe ich hautnah auf dem *camino*. Was ich hier allerdings *nicht* mitbekomme, sind die Probleme der großen Welt. Ich weiß nicht, was im Irak los ist, mit welchen Problemen sich die Bundesregierung herumschlägt; ob es einen Börsencrash gab oder nicht. Alle scheinbar wichtigen Informationen werden hier unwichtig. Wichtig ist nur das, was mir direkt auf dem Weg begegnet. Das tut meiner Seele unendlich gut. Immer wieder bin ich erstaunt, in wie vielen Ländern der *camino* bekannt ist. Ich habe Menschen aus sechsunddreißig Nationen aller Kontinente kennengelernt. Bei diesen vielen Begegnungen gibt es natürlich Menschen, die stärkere Spuren hinterlassen als andere: zum Beispiel die Belgier, die mir den Rucksack getragen haben. Genauso bin ich von einem Kanadier beeindruckt: Seine Frau hat so starke Knieprobleme, dass sie nicht mehr gehen kann. Deshalb fahren sie mit dem Taxi immer eine Tagesetappe. Der Mann geht dann zehn Kilometer auf dem *camino* für sich und die zweiten zehn Kilometer zurück für seine Frau. Was für ein großer Liebesbeweis! Stark beeindruckt bin ich auch von einem brasilianischen Bischof, der noch mit achtundachtzig Jahren die Strecke geht, ohne ein Problem zu haben. Und nicht zu vergessen, Stefan, mein Mönch aus Oberschwaben!

Die Unterkünfte sind sehr unterschiedlich, vom Doppelzimmer bis zu hundert Menschen in einem Schlafsaal. Das hört sich vielleicht schrecklich an, ist es aber nicht unbedingt. Schlimm ist es nur, wenn es viele Schnarcher gibt – und die gibt es leider immer. Da bin ich sehr für getrennte Schlafsäle. Je traditioneller die Herbergen geführt sind, umso tiefer sind die Spuren, die sie bei mir hinterlassen. Einmal übernachte ich mit acht Pilgern in einer kleinen Kirche. Sie wird ehrenamtlich von Italienern betreut. Vor dem Abendessen findet dort die traditionelle Fußwaschung für uns Pilger statt. Die Fußwaschung symbolisiert, dass sich die Füße in dieser Nacht ausruhen und dass sie mich nach Santiago tragen sollen. Im Anschluss sitzen wir bei einem leckeren Candle-Light-Dinner zusammen. Strom gibt es keinen. Als ich dann nachts auf die Toilette muss – die sich natürlich außerhalb der Kirche befindet – werde ich von einem sagenhaften Sternenhimmel überrascht. Ich kann sogar die Milchstraße ganz deutlich sehen. In diesem Moment fällt mir wieder ein, dass der Jakobsweg ja parallel zur Milchstraße verläuft. In einer brasilianisch geführten Herberge sitzen wir zwölf Pilger wie die Ritter von der Artusrunde um einen runden Steintisch. Vor dem Essen bittet uns die Herbergsmutter, zu erzählen, woher wir kommen und welche Bedeutung der *camino* für uns hat. Dabei zählen weder Beruf noch andere Statussymbole, es geht um den Menschen und was ihn bewegt. Eine Frau berichtet von ihrem Leben während der Diktatur in

Portugal, eine andere vom Unfalltod ihres Mannes. Ein junger Mann erzählt von seiner Burn-out-Erkrankung. Jede Geschichte berührt mich auf ihre Weise und verbindet mich gleichzeitig mit diesem Menschen. Indem jeder den anderen an seinem Leben teilhaben lässt, entsteht eine besondere Gemeinschaft. Die schwäbische Herberge ist für mich natürlich ein Muss. Gemäß der an die Zuwendung des Degerlocher Hauptstifters Dr. Gerhard Raff geknüpften Auflage darf jeder schwäbische Pilger, der ein Gedicht eines schwäbischen Dichters aufsagen kann, kostenlos übernachten. Das will ich natürlich testen und sage das Gedicht „Stufen“ von Hermann Hesse auf. Tatsächlich muss ich nichts bezahlen. Am Abend bei einer Messe für den Frieden tragen die Herbergsmutter und ich das Gedicht gemeinsam vor. Auch das ist ein ganz besonderes Erlebnis. So gibt es viele besondere Tage auf dem Weg und manche sind ganz speziell.

Santiago rückt immer näher. Obwohl die Zahl der Pilger auf den letzten drei Etappen zugenommen hat, ist es auf dem Weg nicht lauter geworden. Ich habe eher das Gefühl, dass am letzten Tag sogar eine besondere Ruhe eingekehrt ist. Jeder spürt, dass mit der Ankunft auch der Pilgerweg zu Ende geht und will deshalb die letzten Kilometer nochmals ganz bei sich sein.

Am 27. September 2007 komme ich bei strahlendem Sonnenschein in Santiago an. Nach achthundert Kilometern bin ich (endlich) am Ziel.

Besonders schön ist, viele bekannte Pilgergefährten zu treffen und die Freude des Angekommenseins miteinander teilen zu können. Die Pilgermesse ist für viele von uns der Abschluss. Abends lassen wir uns in einer Bar so richtig lecker mit Tapas und *Vino tinto* verwöhnen. Es ist eh unglaublich, wie viel Rotwein ich auf diesem Weg getrunken habe, doch bekanntlich heißt es ja: der Rotwein ist das Blut der Pilger. Für die Pilger, die von hier nach Hause zurückfliegen, stellt sich die Frage, was sie vom *camino* in den Alltag mitnehmen können. Die neu gewonnene Gelassenheit? Den Mut für neue Entscheidungen? Das Vertrauen in das Leben? Man sagt, dass der eigentliche *camino* erst nach dem *camino* beginnt. In diesem Sinne wünsche ich allen Pilgern, dass sie die gewonnenen Erfahrungen des Jakobsweges in ihrem Alltag weiter leben können.

Für mich geht es nach drei Tagen in Santiago noch neunzig Kilometer weiter zum Kap Finisterre. Im Mittelalter glaubte man ja, dass dort das Ende der Welt sei. Diese Vorstellung überrascht mich nicht mehr, als ich selbst am Kap sitze und nur noch Wasser sehe. In wenigen Tagen werde ich hier mit einem Containerschiff vorbeifahren. Das ist doch unglaublich! Am Kap findet in der Regel die traditionelle Kleiderverbrennung statt. Eigentlich soll dort jeder ein Kleidungsstück vom *camino* verbrennen. Für mich ist das überhaupt nicht stimmig, zumal ich meine Kleider noch ein Jahr lang brauchen werde. Schon Tage zuvor, nach einem Durchfall-Tag, habe ich das Gefühl, dass ich jetzt wirklich „durch bin" und meine Medikamente nicht mehr brauche. Deshalb entscheide ich mich, meine Tabletten zu verbrennen. Das fühlt sich sehr gut an. Sehr dankbar bin ich auch, dass ich während der ganzen Zeit weder Rücken- noch Lungenprobleme hatte. Am letzten Morgen spaziere ich nochmals zum Kap hinaus. Die Sonne kämpft sich durch die Wolken hindurch und wirft ein besonderes Licht auf das Meer. In dieser Morgenstimmung sitze ich lange auf einem Felsen und blicke auf das Meer hinaus.

In Gedanken schaue nochmals auf die letzten Wochen zurück und bin dankbar, für alles, was geschehen ist. Ein Gebet entsteht. Es ist ein Herzensgebet, das ausdrückt, was der Jakobsweg mir gegeben hat:

Gott, du trägst mich.
Gott, du hältst mich.
Du lässt mich ausbrechen
aus inneren und äußeren Grenzen
und schenkst mir eine neue Freiheit.
Du führst mich in eine neue Dimension
des Glaubens, Vertrauens und des Lebens.
Mit dir ist alles möglich,
mit dir, Gott, kann ich über Mauern springen!

Es gibt noch vieles zu berichten. Doch inzwischen weiß ich, dass man den Jakobsweg nur verstehen und begreifen kann, wenn man ihn selbst geht. Nur der Pilger erfährt etwas von dem Geheimnis, das dieser Weg in sich birgt. Man muss den Weg gehen, ihn erleben, in ihn eintauchen, damit Verwandlung geschehen kann. Für mich waren meine kranken Füße das größte Geschenk, weil ich dadurch viel mehr gelernt habe, als wenn ich keine Probleme gehabt hätte.

Ich bin innerlich gewachsen, habe eine neue Freiheit erlangt und viel Vertrauen gewonnen.

Der Einstieg in meine Weltumrundung hätte nicht besser sein können. Nun heißt es, das Gelernte anzuwenden. In diesem Sinne – „*Buen camino*!“.

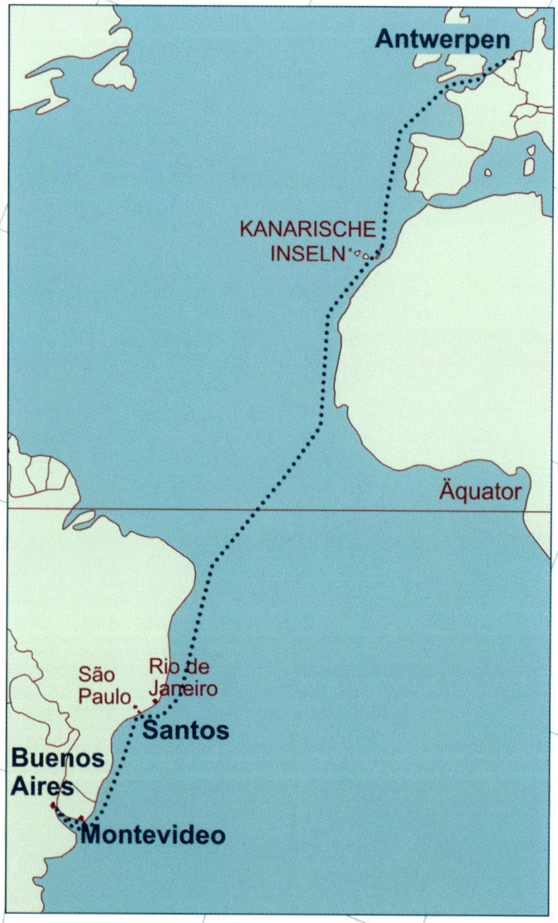
Antwerpen
KANARISCHE INSELN
Äquator
São Paulo
Rio de Janeiro
Santos
Buenos Aires
Montevideo

KAPITEL 2

120 Stufen zum Glück

MIT DEM CONTAINERSCHIFF ÜBER DEN ATLANTIK

„LEBEN IST DAS, WAS PASSIERT,
WÄHREND DU EIFRIG DABEI BIST,
ANDERE PLÄNE ZU MACHEN."
(John Lennon)

Kein Satz hätte besser auf meine Schiffsreise passen können. Meine Vorbereitungen in Deutschland waren bereits abgeschlossen, als mich Herr Pfeiffer, Spezialist für internationale Frachtschiffreisen, anrief: „Leider muss ich Ihnen mitteilen, dass ihr gebuchtes Schiff die Route geändert hat. Sie können deshalb nicht in Barcelona an Bord gehen. Wir haben Ihnen aber ein neues Schiff gesucht. Allerdings fährt es drei Wochen früher und Sie müssen dann nach Antwerpen kommen. Ist das für Sie möglich?" Ich bejahte und organisierte um.

Jetzt auf der Fahrt nach Antwerpen besuche ich die Pilgerfreunde, die mir auf dem *camino* meinen Rucksack getragen haben. Wieder bekomme ich alle Unterstützung, die ich brauche. Sie brennen meine Bilder, gehen mit mir einkaufen und erlauben mir, ihren PC zu benutzen. Am Abend sitzen wir dann noch gemütlich zusammen.

In Antwerpen führt mich mein erster Weg in die Reiseagentur, um alle offenen Fragen abzuklären: „Wann fährt mein Schiff ab? Um wie viel Uhr muss ich am Hafen sein? Wie komme ich zum Hafen? Ist mein Paket aus Deutschland angekommen?" Als mir der Agent bestätigt, dass mein Paket angekommen ist, bin ich sehr erleichtert. „Wir werden es morgen an Bord bringen lassen", teilt er mir mit und ich bin erleichtert, dass ich mich nicht auch noch um das zusätzliche Gepäck kümmern muss. Danach lasse ich mich durch die Stadt treiben. Als ich abends an der Kathedrale vorbeikomme, spielt ein Japaner auf seiner Geige „Nehmt Abschied, Brüder, ungewiss ist alle Wiederkehr ..." Ich habe das Gefühl, dass ich es zum Abschied gespielt bekomme. Es berührt mich so, dass mir die Tränen über das Gesicht laufen.

Am nächsten Morgen holt mich das Taxi um 8.00 Uhr ab und bringt mich zum Hafen. In meiner Naivität dachte ich, dass ich zu Fuß zum Schiff gehen könnte, aber diese Zeiten sind längst vorbei. Antwerpen hat den zweitgrößten Containerhafen Europas und ich brauche mit dem Taxi fast eine halbe Stunde bis zum Sicherheitsbereich. Ein Shuttlebus bringt mich nach Abklärung der Formalitäten zum Schiff. Mein nächstes Abenteuer kann beginnen.

EIN CONTAINERSCHIFF ALS NEUES ZUHAUSE

Über die Gangway gehe ich an Deck. Die Crewmitglieder heißen mich willkommen und ich habe das Gefühl, dass sie sich über ein neues Gesicht an Bord freuen. Zuerst werde ich registriert und muss meinen Pass abgeben, später erhalte ich eine *Identitycard*, mit der ich das Schiff verlassen kann. Nun bin ich ein *Passenger*. Mit mir ist noch ein weiterer *Passenger* an Bord: Volker, ein 67-jähriger pensionierter Kinderarzt aus Aachen. Er erfüllt sich mit dieser Reise einen langersehnten Traum: „Als junger Mann bin ich bereits einmal über den Atlantik gefahren. Damals habe ich als Stewart auf einem Schiff gearbeitet. Nun will ich diese Reise nochmals wiederholen. Von Santos aus reise ich dann nach Bolivien weiter. Dort werde ich Fortbildungen über die Intubation bei Frühgeborenen geben." Kurz überlege ich sogar, meine Reiseroute zu ändern und mit ihm mitzufahren, aber die Entfernungen sind einfach zu groß.

Ein Crewmitglied zeigt mir mein neues Zuhause. Wegen des Schiffwechsels stellt mir die Reederei auf Kulanz die Eigner-Kabine zur Verfügung und so habe ich auf dem fünften Aufbaudeck unverhofft eine Zweizimmer-

wohnung in bester Lage. Danach erhalte ich eine Führung des Crewmitglieds: Er zeigt mir die Messe, die Bar, die Waschküche, das Hospital, den Fitnessraum, das Schwimmbad mit Sauna usw. Ein ganz wichtiger Punkt sind natürlich die Ebenen mit den Rettungsmaßnahmen: es gibt ein Freifallboot, ein Rescueboot, Rettungsinseln sowie einen Raum mit den Überlebensanzügen und die Musterstation, wo wir uns im Notfall einfinden müssen. Zum Schluss hege ich aber großen Zweifel, ob ich im Notfall wirklich alles finden würde. Als ich das Schiff jedoch auf eigene Faust erkunde, stelle ich fest, dass alles so gut ausgeschildert ist, dass ich die Rettungsstationen am nächsten Tag bereits intus habe.

Beim Essen spricht mich der Steward mit *Madame* oder *Mam* an, und beim Tischtennis spielen sagen sie *Lady* zu mir. Daran muss ich mich erst einmal gewöhnen, aber so ist das eben auf dem Schiff.

Am zweiten Tag werde ich abends leicht seekrank – mir ist ein bisschen übel und ich habe Schweißausbrüche. „Was wäre, wenn ich es auf dem Schiff nicht mehr aushalten würde und vom Schiff runter wollte? Gäbe es eine Möglichkeit?“, frage ich mich. Immerhin habe ich noch siebzehn Tage auf See vor mir. Zur Sicherheit frage ich den Kapitän: „Welche Erfahrungen habe Sie bis jetzt mit anderen Passagieren gemacht? Gab es auch mal Probleme?“ Er erzählt mir: „In der Regel haben wir fast nur gute Erfahrungen mit unseren Gästen gemacht. Eine Frau, die sich die Überfahrt zum Geburtstag schenken ließ, hielt es aber an Bord nicht aus. Sie war sehr erleichtert, als sie in Gran Canaria endlich wieder von Bord gehen konnte.“ Ich bin mehr als froh, als am nächsten Tag meine Übelkeit vorbei ist. Für mich ungewohnt sind auch die permanenten Motorengeräusche und die Vibrationen des Schiffes. Am Ende der ersten Woche habe ich mich aber bereits an alles gewöhnt. Ich bin auf dem Schiff wirklich angekommen. Obwohl ich mich auf die Zeit an Bord gefreut habe, beschleicht mich in den ersten Tagen beim Aufwachen überraschenderweise eine leichte Angst, wie ich den Tag verbringen soll. Aber bereits mit der ersten Aktion legt sich diese Angst und ich bin erstaunt wie schnell der Tag vorbei ist. Noch vor der Halbzeit bedaure ich es dann, das Schiff schon bald wieder verlassen zu müssen. Das stimmt mich im Blick auf meine neununddreißig Tage dauernde Pazifiküberquerung zuversichtlich.

Auf dem Schiff muss ich mich gewaltig umstellen. Nicht mehr das Gehen steht im Vordergrund, sondern das Treppensteigen. Vom Deck bis zur Brücke sind sieben Ebenen zu überwinden. Das ist am Anfang ganz schön anstrengend. 700 Stufen und mehr pro Tag sind keine Seltenheit. Aber auch das ist Gewohnheitssache. Meine liebsten Plätze sind vorne auf der „Back“, dem ruhigsten Platz auf dem Schiff mit optimaler Aussicht, und oben auf der Brücke. Bald nenne ich die Treppen, die ich hierfür zu überwinden habe, meine „120 Stufen zum Glück“. Meine Entscheidung, mit einem Containerschiff zu reisen, stellt sich als absolut richtig heraus.

Nach einer Woche habe ich meinen eigenen Tagesrhythmus gefunden. Morgens gehe ich nicht mehr zum Frühstück, sondern bleibe in meiner Kajüte. Zum einen, weil ich mir bei dem guten Essen kombiniert mit der mangelnden Bewegung um mein Gewicht Sorgen mache. Zum anderen kann ich auf diese Weise den Tag ganz in Ruhe beginnen. Ich lese, schreibe Tagebuch und setze mich auf meinen Lieblingsplatz. Es

Treppensteigen wird zum Fitnesstraining

ist unglaublich, wie lange ich auf das Meer schauen kann, ohne dass es mir langweilig wird. Die Zeiten können nicht lang genug sein und ich stelle fest, dass der Anblick des Meeres regelrecht süchtig machen kann. Es gibt genügend Zeiten, in denen ich nur das Wasser sehe. Hin und wieder tauchen Containerschiffe, Bananendampfer, Versorgungsschiffe, Segelboote oder kleine Fischerboote auf. Am schönsten aber ist es, Tiere zu beobachten. Ich sehe Delfine, Tümmler, fliegende Fische und ab und zu sogar Wale.

Nachmittags sitze ich entweder wieder auf der *Back*, liege auf der Brücke im Liegestuhl oder mache einen ausgiebigen Mittagsschlaf. Dazwischen unterhalte ich mich mit dem Kapitän, so oft es seine Zeit zulässt. Die Schiffswelt ist für mich ja eine total fremde Welt und so habe ich viele Fragen. Ich komme mir manchmal wie ein kleines Kind vor, das seine Eltern mit Fragen löchert. Doch der Kapitän erzählt mir bereitwillig sehr viel über die Schifffahrt – vom Fachwissen bis zu seinen persönlichen Erlebnissen auf See.

Auch die Abende sind kurzweilig. Wegen der mangelnden Bewegung spiele ich oft Tischtennis. Anfangs bin ich allerdings mehr damit beschäftigt, mich im Gleichgewicht zu halten, als zu spielen. Doch mit der Zeit hat sich mein Gleichgewichtssinn an die Schwankungen gewöhnt. Ich probiere auch Shuffle aus (eine Art Curling, nur ohne Eis) und spiele sogar Schach. Wieder einmal bin ich froh um meine Tischtennis- und Schachkenntnisse. Durch diese Spiele komme ich schnell mit der Mannschaft in Kontakt. Es gibt auch die Möglichkeit, Videos zu schauen, aber meistens sitzen der Kapitän, der Chefingenieur, Volker und ich bei einem Gläschen Wein zusammen.

MS MARUBA ORION

Die *MS Maruba Orion* gehört mit einer Länge von zweihundertsieben Metern und einer Breite von knapp dreißig Metern zu den mittelgroßen Containerschiffen. Sie ist seit neun Jahren im Einsatz und kann bis zu 2400 Container transportieren. Die Gesamthöhe beträgt fünfzig Meter, von der Brücke bis zur Wasserlinie sind es circa fünfunddreißig Meter. Auf See macht mir diese Höhe nichts aus, aber sobald wir im Hafen liegen, bekomme ich Höhenangst und schleiche vorsichtig am Geländer entlang. Als wir den Maschinenraum besichtigen, erfahre ich, dass das Schiff genau wie mein Roller einen 2-Takt-Motor hat. Allerdings von anderer Größe und mit einem ganz anderen Verbrauch. Der Tagesverbrauch liegt bei ungefähr siebzig Tonnen Schweröl und vierhundertachtzig Litern Zylinderöl. Das sind Mengen, die ich mir überhaupt nicht vorstellen kann. Die Höchstgeschwindigkeit beträgt circa zweiundzwanzig Knoten, das entspricht etwa vierzig Stundenkilometern. Täglich fahren wir circa achthundert Kilometer. Die Besatzung besteht aus fünfundzwanzig Mitgliedern: sechzehn Filipinos, sieben Deutsche, ein Ukrainer und ein Russe. Sechs Mitglieder sind Kadetten, die ihre Ausbildung machen. An Bord herrscht eine klare Hierarchie, so dass jeder weiß, was er zu tun hat. Was neben der Disziplin auch auffällt, ist die Ordnung. Auf einem Schiff ist alles aufgeräumt, nichts liegt herum. Anders funktioniert das Schiffsleben auch nicht. Ja, die Seefahrt erzieht und so manches Mal wünsche ich mir meine Schüler an Bord ...

Rostentfernung und Streichen ist tägliche Routine

Schnell lerne ich die Seemannssprache kennen, da mich der Kapitän gern korrigiert: Das Meer ist die See. Mein Zimmer heißt Kammer und das Bett Koje. Die Treppen werden Niedergänge genannt und der Speiseraum ist die Messe. Ich lerne die Begriffe *Steuerbord, Backbord, Achtern, lee und luv, löschen, laden*, was *Kim* und *Dünung* bedeutet usw. Ich gehe nicht mehr in einen Raum, sondern steige ein und ein Fenster öffne ich nicht, sondern schraube es auf. Meine Sachen stelle ich auf eine Elefantenhaut, damit sie auch dort bleiben, wo ich sie abgelegt habe. Es macht mir großen Spaß, in das Schiffsleben einzutauchen und den Alltag an Bord mitzubekommen.

IN 19 TAGEN VON ANTWERPEN BIS MONTEVIDEO

Da ich am Abfahrtstag, dem 12. Oktober 2007, schon am frühen Morgen am Schiff eintreffe, kann ich den ganzen Tag über das rege Treiben auf dem Hafengelände beobachten. Dabei muss ich aufpassen, dass ich nicht überfahren werde. Ein Sicherheitsbeamter zeigt mir die schmale Spur, auf der ich mich als Fußgänger aufhalten darf. Die gelben Vancarrier (eine moderne Art von Gabelstapler) fahren wie fleißige Ameisen einen Container nach dem anderen zum Ladekran, der sie mit seinen Krallen packt und auf das Schiff lädt. Beeindruckt bin ich von dem Tempo, in dem das alles abläuft.

Abends um 22.00 Uhr legen wir schließlich ab. Volker und ich stehen auf der Brücke und beobachten den Vorgang. Durch die Schelde, einen schwierig zu befahrenden Fluss, brauchen wir fünf Stunden, bis wir die offene See erreichen. Ein Lotse dirigiert uns durch den Fluss. Auf offener See wird das Schiff dann auf Computersteuerung umgeschaltet.

Als ich am nächsten Tag am frühen Morgen aufwache, fahren wir bereits durch den Ärmelkanal und ich kann die Lichter auf der britischen Seite erkennen. Am Kap Finisterre fahren wir am Sonntag, den 14. Oktober 2007 vorbei. Leider sind wir fünfzig Meilen von der Küste entfernt, so dass ich das Kap nicht sehen kann. An diesem Tag haben wir bereits die erste Zeitumstellung und können eine Stunde länger schlafen. Insgesamt haben wir fünf Zeitumstellungen und können so ungefähr jeden dritten Tag eine Stunde länger schlafen. Für mich ist die Zeitumstellung jedes Mal ein Geschenk.

Nach zwei Tagen sehe ich vor den Kanarischen Inseln zum ersten Mal eine Gruppe Delfine. Da man nie weiß, wann man Tiere zu sehen bekommt, ist die Freude entsprechend groß. Am frühen Nachmittag erreichen wir die Kanaren und benötigen etwa drei Stunden, um zwischen Teneriffa und Gran Canaria durchzufahren. Mit dem Fernglas stehen wir auf der Brücke und versuchen möglichst viel von den Inseln zu erkennen.

Am nächsten Morgen sehe ich bereits meinen ersten Wal und wieder ist die Freude groß. Das Wetter wird immer schöner und wärmer und als wir am 18. Oktober 2007 Kap Verde erreichen, haben wir bereits dreißig Grad. Auch hier können wir zwei Inseln sehen. Viel schöner sind aber die fliegenden Fische, die wir an diesem Tag zum ersten Mal sehen. Es ist einfach toll und ich kann mich an ihnen nicht sattsehen. Von diesem Zeitpunkt an kann ich bis *Salvador de Bahia* täglich fliegende Fische beobachten. „Wie viele Meter können sie wohl in der Luft zurücklegen?“, frage ich mich selbst. Manche Fische fliegen bestimmt über hundert Meter. Sobald wir in Landnähe kommen, begleiten uns Möwen und Tölpel.

Den Atlantik kreuzen wir, nachdem wir über das *Sierra Leone Rise* gefahren sind und am 20. Oktober 2007 überqueren wir um 19.00 Uhr den Äquator. Es ist Samstag und auf dem Schiff findet eine Grillparty statt. Volker und ich feiern die Überquerung mit einer Flasche Sekt. Am nächsten Morgen ruft mich der Kapitän um 8.00 Uhr in meiner Kammer an: „Liebe Frau Wachtler, wenn Sie jetzt auf die Brücke kommen, können Sie die ersten brasilianischen Inseln sehen.“ Keine Frage, dass ich das nicht verpassen möchte. Ich ziehe mich schnell an, steige die sechzehn Stufen zur Brücke hinauf und bestaune den *Archipel de Fernando de Noronha*. Wir fahren in nur zehn Kilometern Entfernung vorbei und haben zum ersten Mal einen wirklich guten Blick auf eine Inselgruppe.

Um Mitternacht passieren wir Recife und am folgenden Abend fahren wir schon an *Salvador de Bahia* vorbei.

Auf dem Weg nach Rio beobachte ich mit dem Fernglas die kleinen Fischerboote, als ich plötzlich etwas Weißes auf dem Wasser sehe. Zuerst denke ich an ein Segelboot, aber dann erkenne ich, dass es eine Fontäne ist. Ich rufe Volker zu: „Ich glaube, da vorne schwimmt ein Wal." Es ist tatsächlich ein Wal, ein richtig großer Wal, der in einem weiten Bogen um unser Schiff schwimmt. So haben wir ausreichend Zeit, ihn zu beobachten. Ich bin ganz begeistert von dem Naturschauspiel.

Am 24. Oktober 2007 fahren wir an Rio de Janeiro vorbei und am 25. Oktober 2007 laufen wir in Santos ein. Seit Antwerpen ist das unser erster Hafen. Das Wetter ist schlecht und wir müssen acht Stunden auf Reede liegen, bis wir die Genehmigung zur Einfahrt in den Hafen bekommen. Mit uns warten weitere achtundzwanzig Schiffe. Der Kapitän sagt mit stoischer Ruhe: „Für Santos ist das völlig normal."

Am Abend bringt ein Lotsenboot Volker und mich an Land. Der Fahrer ist ein Schlitzohr. Da wir keine US-Dollar haben, verlangt er den gleichen Preis in Euro. Für fünf Minuten Fahrt zahlen wir fünfundzwanzig Euro und zurück nochmals dasselbe. Eine Unverschämtheit. Auf Portugiesisch sage ich ihm das auch, aber er lässt nicht mit sich handeln und wir haben keine Chance, denn er will sein Geld immer mitten auf der Überfahrt haben. Da Volker am nächsten Tag von Bord geht, feiern wir in einer schönen *Churrascaria* mit Caipirinha, brasilianischem Rotwein und wunderbarem Essen seinen Abschied.

Bis Buenos Aires brauchen wir dann noch weitere zwei Tage, wovon wir zehn Stunden den Rio de la Plata hochfahren. Der Mündungstrichter ist ungefähr zweihundert Kilometer breit, so dass ich mehr das Gefühl habe auf See als auf einem Fluss zu sein. Die Fahrt durch den Rio de la Plata ist sehr schwierig, da der Fluss versandet ist und es nur einen schmalen Fahrkanal gibt. Wir haben starken Wind und brauchen deshalb für die Hafeneinfahrt zwei Schlepper, die uns an die Pier steuern. Mit fünfstündiger Verspätung legen wir endlich an. Es ist unglaublich, wie viele Menschen zum Einlaufen eines Schiffes benötigt werden: neben der eigenen Crew sind es der Lotse (am Rio de la Plata sogar zwei), ein Schlepper mit Crew und die Hafenarbeiter. Sobald angelegt ist, kommen weitere Personen an Bord, die die Papiere der Mannschaft, des Schiffes und der Fracht überprüfen. Ein Papieraufwand ohne Ende, aber erst danach darf man von Bord. Um 15.00 Uhr beginnt so endlich mein Landgang. Der Agent nimmt mich in die Stadt mit, doch die Stadt erschlägt mich regelrecht: Ein Hochhaus neben dem anderen, die Straßen sind entweder ganz schmal oder ganz breit und dazu kommen dichter Verkehr und Menschenmassen. Da an diesem Sonntag auch noch die Präsidentschaftswahlen stattfinden, quillt die Stadt vor Menschen über. Ich fühle mich erst wieder wohl, als ich in San Telmo ankomme, dem ältesten Stadtteil von Buenos Aires. Sonntags findet dort immer ein Künstlermarkt statt. Während meiner kleinen Stadttour lerne ich eine Amerikanerin und einen Spanier kennen. Für mich grenzt es an ein Wunder, dass ich genau diese zwei Personen später wieder treffen werde: die Amerikanerin vor dem Präsidentenpalast und den Spanier abends im Restaurant. Über solche Erfahrungen kann ich nur staunen.

Da das Löschen und Laden der Fracht länger als erwartet dauert, habe ich am nächsten Morgen nochmals Zeit und besuche das Arbeiterviertel *La Boca*, das für

Arbeiterviertel La Boca

seine farbenfrohen Häuser berühmt ist. Auch dieser Stadtteil gefällt mir gut, aber ansonsten werde ich mit der Stadt nicht warm und bin froh, als wir nach Montevideo weiterfahren.

In Montevideo heißt es Abschied nehmen. Als ich morgens meine letzte Runde auf Deck drehe, stehen mir Tränen in den Augen. Ich freue mich zwar auf Montevideo, aber der Abschied fällt mir unglaublich schwer. Die Crew ist mir inzwischen ans Herz gewachsen und am liebsten wäre ich mit ihnen nach Deutschland zurückgefahren. Deshalb bin ich froh, dass mich der Kapitän und der Chief Engineer zum Mittagessen am Hafen einladen und ich erst um 16.00 Uhr vom Schiff abgeholt werde. So ist es ein Abschied auf Raten. Der Agent bringt mich in eine internationale Jugendherberge und ich tausche meine komfortable Eigner-Kabine mit einem Sechsbettzimmer, das ich in der ersten Nacht allerdings alleine habe. Als ich abends am Wasser sitze, traue ich meinen Augen nicht. Plötzlich taucht „meine“ *MS Maruba Orion* auf. Mit einstündiger Verspätung verlässt sie den Hafen. So kann ich mich noch einmal von ihr verabschieden.

„Nehmt Abschied, Brüder,
ungewiss ist alle Wiederkehr ...“

Robert Burns; dt. Text: Claus Ludwig Laue

BRASILIEN
ARGENTINIEN
URUGUAY
Colonia del Sacramento
Montevideo
Punta del Este

KAPITEL 3

Ich sitze am Rio de la Plata

URUGUAY – DAS UNBEKANNTE LAND

Paulo Coelho hat mich mit einem seiner Bücher zu dieser Kapitelüberschrift inspiriert. Er saß am Rio Pedro und weinte. Doch ich sitze am Rio de la Plata und bin einfach glücklich. Glücklich, weil ich die finanzielle und zeitliche Möglichkeit habe, meine Träume Wirklichkeit werden zu lassen. In meiner Woche in Uruguay begleitet mich der *Rio de la Plata* tagtäglich, in Montevideo ebenso wie auf meinen Ausflügen. Er ist ein gigantischer Fluss, der durch den Zusammenfluss der großen südamerikanischen Ströme *Rio Uruguay* und *Rio Paraná* entsteht. Interessant ist, dass sich die Wassermassen der beiden Flüsse nicht miteinander vereinen, sondern dass der Rio Uruguay entlang der Küste Uruguays und der Rio Paraná entlang der Küste Argentiniens fließt. Eigentlich habe ich immer das Gefühl, am Meer zu sein. So kann ich den Abschied vom Schiff doch etwas leichter verschmerzen.

Die Entscheidung, bereits in Uruguay auszusteigen, hatte ich kurzfristig bei der Umbuchung meines Schiffes gefällt. Ich kenne niemanden, der schon einmal in diesem Land war. Aber wenn das Schiff schon in Montevideo anlegt, dann ist das doch die beste Gelegenheit, dieses Land einmal kennenzulernen. Ich wundere mich selbst über diese spontane Entscheidungsfreude, da ich zu Uruguay überhaupt keinen Bezug habe und auch so gut wie nichts über dieses Land weiß. Aber das kann sich jetzt ja ändern!

Uruguay wird als die „Schweiz Südamerikas“ bezeichnet, nicht nur wegen seiner Größe (etwa halb so groß wie Deutschland), sondern auch wegen seiner demokratischen Tradition und seines Bankenwesens. Nach dem wirtschaftlichen Zusammenbruch Argentiniens im Jahr 2002 legen inzwischen viele Argentinier einen Teil ihres Geldes in Uruguay an. Das Land ist überwiegend flach. Die höchste Erhebung, die *Cathedral* ist nur fünfhundertdreißig Meter hoch. Als ich entlang der Küste zwei Sessellifte entdecke, muss ich schmunzeln. Neben den Sesselliften gibt es in Uruguay auch einen Zuckerhut, eine Copacabana, Las Vegas und sogar Beverly Hills – die große Welt in Kleinformat. Uruguay lebt hauptsächlich von der Landwirtschaft. Da es im Vergleich zu seinen Nachbarländern flächenmäßig nicht viel produzieren kann, muss das Land mit Qualität überzeugen. Daher soll zum Beispiel das beste Steak nicht aus Argentinien, sondern aus Uruguay kommen. Leider kann ich das nicht beurteilen, auch wenn ich wieder etwas Fleisch esse. Außerdem wird Wein und schwarzer Kaviar für den Export produziert. Auf Grund der guten Bedingungen am Rio Negro kann im gleichen Zeitraum auf der gleichen Fläche doppelt so viel Kaviar produziert werden wie in Russland. Deshalb hoffen die Züchter aus Uruguay, dass sie Russland als weltgrößten Exporteur in den nächsten Jahren überholen werden.

Wie in Brasilien gibt es auch hier einen Mindestlohn, er liegt bei hundertdreißig US Dollar. Um einigermaßen leben zu können, sollte man aber um die vierhundertfünfzig US Dollar im Monat verdienen. Die Arbeitslosigkeit ist mit circa zehn Prozent etwas höher als bei uns, aber mit dem großen Unterschied, dass die Uruguayer vom Staat absolut keine Unterstützung bekommen, d.h. sie müssen ab dem ersten Tag der Arbeitslosigkeit schauen, wie es weitergeht.

Anders als in Deutschland gibt es in Uruguay die Volksabstimmung. Ich bin sehr beeindruckt von einer Abstimmung, die im Oktober 2004 stattgefunden hat. Es ging um das Recht auf Wasser und das Ergebnis der Volksabstimmung hatte eine Verfassungsänderung zur Folge: Die Menschen haben die Garantie erhalten, dass der Zugang zu Trinkwasser und sanitären Einrichtungen ein grundlegendes Menschenrecht ist und vom Staat gewährleistet werden muss. Damit ist Uruguay das erste Land der Welt, in dem das Recht auf Wasser durch eine Volksabstimmung in der Verfassung verankert wurde. Wäre es nicht toll, wenn dieses Menschenrecht auf der ganzen Welt umgesetzt werden würde?

Da ich in Uruguay zwei Tage nach der Präsidentschaftswahl in Argentinien ankomme, spreche ich die Menschen darauf an: „Bist du mit dem Wahlausgang in Argentinien zufrieden?“, frage ich eine Frau. „Wir hoffen, dass sich mit der neuen Präsidentin, Cristina Kirchner, die Spannungen zwischen unseren Ländern lösen werden“, gibt sie mir zur Antwort. „Welche Spannungen gibt es denn?“, frage ich neugierig nach. „In letzter Zeit gab es wegen einer im Bau befindlichen Papierfabrik an der Grenze zu Argentinien immer wieder Probleme. Die Argentinier haben sogar eine Grenzbrücke zerstört. Sie befürchten, dass die Papierfabrik den Rio Uruguay vergiften würde. Die neue Präsidentin will sich nun der Sache annehmen. Sollte alles korrekt sein, dürfen wir mit der Papierherstellung beginnen. Nun liegen alle unsere Hoffnungen auf Cristina.“ Ich empfinde tiefe Sympathie für die Menschen in Uruguay und wünsche der Frau, dass sie bald mit der Papierherstellung im Grenzgebiet beginnen dürfen.

MONTEVIDEO – EINE STADT ZWISCHEN VERGANGENHEIT UND MODERNE

Obwohl ich auch durch das Land reisen möchte, entscheide ich mich, die ganze Woche im *Hostal* von Montevideo zu übernachten. Das macht alles etwas einfacher. Das Hostal erweist sich als gute Übernachtungsmöglichkeit – weniger wegen des Komforts, sondern wegen des Kontakts mit anderen Reisenden. Außerdem wird mir dort bei allen Fragen super weitergeholfen. Am ersten Tag erledige ich zunächst einmal alle organisatorischen Dinge. Die Touristinfo zu finden, ist gar nicht so leicht. Nirgends gibt es den mir bekannten großen I-Punkt oder ein anderes vertrautes Zeichen. Die Infostelle befindet sich einfach in einem großen Verwaltungsgebäude. Die Frau hat unendlich viel Zeit für mich, es herrscht absolut keine Eile. Sie tut mir nur etwas leid, da sie sich so sehr bemüht, ich aber nicht alles verstehen kann.

Danach mache ich mich auf den Weg, um die Stadt auf eigene Faust zu erkunden. Ein Mitarbeiter im Hostal hat mich bereits aufgeklärt, wie ich mich in der Stadt verhalten soll: „Tagsüber ist es in der Stadt nicht gefährlich, aber nachts ist es besser, wenn du ein Taxi nimmst.“ Dankbar nehme ich die Hinweise der Einheimischen an. Aber ich stelle schnell fest, dass mit dem Taxi in Montevideo unterwegs zu sein, auch nicht ungefährlich ist. Die Fahrer versuchen immer, so schnell wie möglich am Ziel zu sein. Deshalb kommt es vor, dass wir mit achtzig Stundenkilometern durch die Stadt brettern oder der Fahrer sich zwischen Bussen und anderen Autos hindurchschlängelt, so dass mir so manches Mal das Herz in die Hose rutscht. Mit den Ampelphasen nehmen es die Taxifahrer ebenfalls nicht so genau und wir fahren noch oft bei Rot über die Kreuzung. Bei uns in Deutschland wäre so etwas unvorstellbar! In Montevideo müssen viele meiner Schutzengel leben, die sehr tief fliegen. Die Fußgänger verhalten sich keineswegs anders. Nicht die Ampeln sind entscheidend, sondern der Verkehr – und der lässt es oft zu, dass sie bei Rot über die Straße gehen. Ich passe mich wie immer den Landesgewohnheiten an ...

Mit ungefähr 1,7 Millionen Einwohnern lebt fast die Hälfte der Bevölkerung des Landes in Montevideo. Trotzdem habe ich nie das Gefühl in einer Großstadt zu sein. Wenn man wie ich von Buenos Aires kommt, taucht man in eine komplett andere Welt ein. Montevideo zeigt sich als eine gemütliche Stadt ohne Hektik – Taxifahrer ausgenommen – und Stress. Da es hier so ruhig zugeht, kann ich es mir überhaupt nicht vorstellen, dass hier so viele Menschen leben sollen. Montevideo macht einen heruntergekommen Eindruck. Viele Häuser sind renovierungsbedürftig, aber der Glanz der Kolonialzeit ist noch zu erahnen. Die Stadt hat ihren Charme bewahrt. Ich bin der festen Überzeugung, dass Montevideo eine der schönsten Städte Südamerikas werden könnte – wenn man die alten Gebäude renovieren würde. Wenigstens im Hafenviertel wird gerade ein Renovierungsprogramm durchgeführt.

Montevideo hat aber noch mehr zu bieten. Es hat eine dreiundzwanzig Kilometer lange Uferpromenade entlang des Rio de la Plata mit schönen weißen Sandstränden und sauberem Wasser. Ich erfahre, dass Uruguay die saubersten Strände ganz Südamerikas hat. *Was will frau mehr!* An einem Tag miete ich mir ein Fahrrad, um einen Teil der Promenade abzufahren. Für die Uruguayer ist der Fluss ebenfalls ein Anziehungspunkt. Sie angeln oder joggen entlang der Promenade. Andere sitzen am Wasser und trinken ihren über alles geliebten Matetee. Ich hätte ja zu gerne einen Tee mitgetrunken, aber leider hat mir niemand einen angeboten. Die Promenade ist nie überfüllt. Es bleibt für mich ein Rätsel, wo all die Menschen leben. Auf der Rückfahrt von meiner Radtour komme ich an einem kleinen antiquierten Rummelplatz vorbei, der zu einem Park gehört. So wie die Fahrgeräte aussehen, die hier *mechanische Spiele* heißen, stammen sie bestimmt noch aus der Glanzzeit Montevideos Anfang des 20. Jahrhunderts. Als ich sehe, dass die Fahrgäste die Fahrzeuge der Achterbahn auf der Anhöhe mit Hilfe der Lichtmasten selbst beschleunigen, muss ich in mich hineinschmunzeln. Das wäre genau mein Tempo für eine Achterbahnfahrt.

Über meine Sprachkenntnisse bin ich hier besonders froh. Noch mehr als mein Englisch hilft mir mein Portugiesisch weiter. Wenn ich mich mit den Einheimischen unterhalte, fragen sie mich oft: „Bist du eine Brasilianerin?“ „Nein, ich bin eine Deutsche.“, antworte ich und bin ganz verwundert, wie sie zu dieser Annahme kommen. Aber was sollen sie auch sonst denken? Sie selbst sprechen spanisch und ich portugiesisch – und nach Uruguay kommen eben viele Brasilianer. Als ich einen Tag lang mit einer Brasilianerin unterwegs bin, sagt sie zu mir: „Du sprichst ganz gut Portugiesisch, dir fehlen nur die Worte.“ Wie wahr! Mein Vokabular könnte wirklich größer sein. Immerhin scheint meine Grammatik ganz gut zu sein.

Als ich in den *Park Prado* möchte, muss ich mich mal wieder durchfragen: „Welchen Bus muss ich nehmen und an welcher Haltestelle fährt er ab?“ Alle, die ich anspreche, helfen mir weiter. Doch die Straßen sind hier sehr lang und ich habe überhaupt keinen Anhaltspunkt, wo die Bushaltestelle sein soll. Also frage ich mich weiter durch. „Ich will zum Park Prado, kannst du mir sagen, wo die Bushaltestelle ist?“ Manchmal wundere ich mich, wieviel ich verstehe. Ein anderes Mal verstehe ich eigentlich gar nichts. Trotzdem komme ich der Bushaltestelle immer näher. Zum Schluss hilft mir die Polizei weiter. An der Haltestelle gibt es aber nirgends ein Schild, auf dem ich erkennen kann, ob der Bus hier hält, geschweige denn wann. Nachdem ich schon eine

Zeit lang gewartet habe und auch schon viele Busse angehalten haben, frage ich nochmals nach: „Fährt von hier ein Bus zum Park Prado?“ „Ja, ja“, bestätigt man mir. Also warte ich weiter.

Zum Busfahren braucht man in Uruguay gute Augen, denn wenn ein Bus kommt, muss man sofort schauen, ob er die richtige Nummer hat. Wenn ja, muss man die Hand ausstrecken, damit der Busfahrer auch anhält. Nicht selten stellen sich die Menschen auf die Straße, um die Busnummer besser lesen zu können. Beim Einsteigen bitte ich den Fahrer, mir zu sagen, wann ich aussteigen muss. Kurz vor der Haltestelle geben mir sogar zwei Fahrgäste Bescheid. Alle wissen anscheinend, wo ich hin will. Eine Frau, die mit mir aussteigt, zeigt mir den weiteren Weg und fügt hinzu: „Hier brauchst du keine Angst zu haben, hier ist es nicht gefährlich.“ Darüber bin ich natürlich froh. Für den Park gibt es weder einen Plan noch Schilder, so schlendere ich einfach darauf los und vertraue auf meine Intuition. Als ich später bei einer Bustour durch den Park fahre, stelle ich fest, dass ich bereits viel von der Anlage gesehen habe. In die Stadt zurückzukommen, ist natürlich viel einfacher, da fast alle Busse ins Zentrum fahren. Plötzlich fragt mich der Fahrer: „Wo willst du denn aussteigen?“ Ich weiß gar nicht so schnell, was ich sagen soll und sage einfach: „Bei der Opera.“ (Eigentlich meine ich das *Theatro.*) Vermutlich weiß er, wohin ich will, denn er hält einfach an einer Straßenecke an, lässt mich raus und weist mir noch den Weg dorthin. So unkompliziert ist das hier in Uruguay!

COLONIA DEL SACRAMENTO – DAS KOLONIALE ERBE

Hundertsiebenundsiebzig Kilometer westlich von Montevideo liegt die schönste Kolonialstadt im Südwesten Uruguays. Die UNESCO ernannte sie 1995 zum Weltkulturerbe. Die Stadt ist das einzige Weltkulturerbe in diesem Land. Deshalb sind die Menschen besonders stolz darauf. Sie wird mir wärmstens ans Herz gelegt, und so mache ich mich mit einem Überlandbus auf den Weg. Um unterwegs eine weitere Siedlung, die Siedlung *Colonia Valdense*, zu besichtigen, lege ich einen Zwischenstopp ein. Bis zum nächsten Bus habe ich dann zwei Stunden Zeit. Aber schon nach zehn Minuten frage ich mich, warum ich hier überhaupt ausgestiegen bin. (Antwort: Weil es im Reiseführer empfohlen wird!) Als dann der Bus kommt, bin ich sehr froh, weiterfahren zu können. Doch als wir losfahren und ich die Menschen im Bus sehe, habe ich das eigentümliche Gefühl, im falschen Bus zu sitzen. „Fährt der Bus nach Colonia del Sacramento?“ frage ich ganz verunsichert den Fahrer. „Nein“, antwortet er, „ich fahre nach Colonia Suiza.“ „So ein Mist“, denke ich. „Mach dir keine Sorgen“, sagt er da schon, „ich versuche den Fahrer vom anderen Bus zu erreichen. Der soll dann kurz halten und du kannst noch umsteigen.“ Doch leider geht der Fahrer nicht ans Telefon. So nimmt er mich zu seiner kleinen Rundtour mit und ich lerne auch noch die zweite Siedlung, die *Colonia Suiza*, kennen, wo es übrigens auch nichts zu sehen gibt. Nach weiteren zwei Stunden sitze ich dann endlich im richtigen Bus.

In *Colonia del Sacramento* stelle ich mich auf eine große Zahl von Touristen ein, aber auch hier ist alles ruhig. Es ist gemütlich, durch die Altstadt zu schlendern, die sich noch ihre ursprüngliche Atmosphäre bewahrt hat. Die Portugiesen gründeten die Stadt 1680 als Gegenstück zu Buenos Aires. Später übernahmen die Spanier diesen strategisch wichtigen Ort. Den Unterschied der Besiedelung kann man ganz deutlich an der *Kandel* (schwäbische Bezeichnung für die Regenrinne auf der Straße) erkennen. Bei den Portugiesen verläuft die Regenrinne in der Mitte der Straße, bei den Spaniern dagegen am Straßenrand. Selbstverständlich ist Colonia del Sacramento ein beliebter Ort für Schulklassen. Die

Schüler fallen vor allem durch ihre Uniform auf. Lehrer wie Schüler tragen weiße Kittelschürzen und um den Hals eine blaue Schleife. Als ich das sehe, bin ich sehr froh, nicht hier Lehrerin zu sein. Doch es macht mir viel Spaß, die Schüler aus der Entfernung zu beobachten. Kinder sind Kinder, in Uruguay genauso wie in Deutschland oder jedem anderen Land.

„Was habt ihr für ein Bildungssystem“, frage ich eine Lehrerin. „Wir haben die neunjährige Schulpflicht. Im Alter von sechs bis zwölf Jahren gibt es eine Grundschulausbildung. Im Anschluss daran folgt zwischen dem 12. und 15. Lebensjahr die Sekundarstufe. Schüler, die in den staatlichen Examen gut abschneiden, können ein *bachillerado* ablegen, das zum Universitätsstudium berechtigt.“, erklärt sie mir. „Und wie teuer ist ein Universitätsstudium?“, will ich wissen. „Sowohl der Schul- als auch der Hochschulbesuch ist unentgeltlich. Wer die Leistung bringt, kann studieren.“, antwortet sie.

Auf meinem Spaziergang durch die Stadt finde ich in einer Nebenstraße eine kleine urige Kneipe mit einem lustigen Koch. Er macht mir – als dem einzigem Gast – ein super Essen. Hier trinke ich auch mein erstes urugayisches Bier. Normalerweise mag ich gar kein Bier, aber es wird mir wegen des guten Wassers so sehr empfohlen, dass ich es probieren will. Zu meiner Überraschung schmeckt es mir sogar. So findet der Tag, der so turbulent begann, noch einen gemütlichen Abschluss.

PUNTA DEL ESTE – EIN ORT DER REICHEN

Im Laufe meines Reiselebens stelle ich zwischendurch fest, dass die Mischung von individuellem und organisiertem Reisen für mich optimal ist. Deshalb mache ich meinen zweiten Ausflug nach *Punta del Este* mit einer kleinen Reiseorganisation. Bereits morgens kurz nach 8.00 Uhr werde ich im Hostal abgeholt. Während der Fahrt erzählt die Reiseleiterin unserer nur drei Frauen umfassenden internationalen Gruppe einiges über das Land. So erfahre ich aus erster Hand viel über Land und Leute.

Auf der hundertvierunddreißig Kilometer langen Strecke fahren wir Plätze an, die ich mit dem Linienbus nie gesehen hätte. Ein Höhepunkt ist sicherlich der Besuch von *Casapueblo (siehe Bild)*, dem Wohnsitz des weltberühmten Malers *Carlos Páez Vilará*. Soviel ich weiß, hat er sich beim Bau seines Märchenschlosses von dem spanischen Architekten Gaudi inspirieren lassen. Aber der Stil erinnert mich auch an Hundertwasser. Das Gebäude ist mit Blick auf den Rio de la Plata – wohin auch

sonst – in einen Hang hineingebaut. Der Maler, dessen Hauptmotiv die Sonne ist, kann von diesem Platz so oft er will sowohl den Sonnenaufgang als auch den Sonnenuntergang am Rio beobachten. Neben seinem privaten Reich und einem Museum besteht der größte Teil des Gebäudes aus einem Hotel.

Kurze Zeit später erreichen wir *Punta del Este*. An diesem Ort fließt der Rio de la Plata in den Atlantik. Ich hätte nie gedacht, dass man Fluss- und Atlantikwasser anhand der Farbe so deutlich unterscheiden kann. Außerdem erfahre ich, dass Punta del Este Treffpunkt der Highsociety aus der ganzen Welt ist. Für mich war diese Stadt bis dahin ein unbekannter Ort – aber da fehlte mir wohl seither das nötige Kleingeld ... Na ja – genau genommen auch wieder nicht. Wenn ich auch nicht reich an Geld bin, so doch reich an Zeit. Wer kann schon von sich behaupten, dass er ein ganzes Jahr Zeit hat? Die Reiseleiterin fährt mit uns durch ein Viertel, in dem ehemalige Staatspäsidenten aus diversen Ländern, reiche Spitzensportler, Fernsehleute usw. einen weiteren Wohnsitz haben. Es sieht alles steril und leblos aus. Ich frage mich, ob die Menschen, die hier wohnen, tatsächlich glücklich sind. Für mich findet das richtige Leben auf jeden Fall woanders statt. Wir fahren auch am *Museo Ralli* vorbei, einem Museum, in dem Privatleute Geld in Kunst investieren. Diese Art von Museum gibt es nur viermal auf der Welt. Dann hält die Fahrerin an einer Kreuzung an, von der aus wir auf allen vier Seiten Wasser sehen können, obwohl wir auf keiner Insel sind. Fantastisch! Nach einem guten Essen spazieren wir an den wunderbaren Sandstränden entlang – einmal am Fluss und einmal am Atlantik.

Die Zeit in Uruguay war schön und ich bin froh, hier Station gemacht zu haben. In Zukunft wird mich dieses Land viel mehr interessieren. Und doch bleibt ein kleiner bitterer Nachgeschmack. Immer wieder frage ich mich, was wohl aus den Ländern Südamerikas geworden wäre, wenn die Europäer auf ihrem Kontinent geblieben wären. Welche Entwicklungen hätten sie gemacht? Wie würde die Welt wohl heute aussehen? Wäre dann im Gegenzug Europa erobert worden? Vielleicht! Aber bestimmt nicht von den Südamerikanern!

Wo Neugier und Offenheit sind,
werden wir mehr finden,
als wir gesucht haben,
und manches mit neuen Augen sehen.

Benedikt Ambacher

PARANA
PARAGUAY
Mondai
Salto Yucumã
Chapecó
SANTA CATARINA
ARGENTINIEN
Ametista do Sul
Rio Uruguay
Florianópolis
BRASILIEN
RIO GRANDE DO SUL
Porto Alegre
URUGUAY

KAPITEL 4

Mondai – meine Wahlheimat

WER EINMAL IM URUGUAY GEBADET HAT, KOMMT IMMER WIEDER ZURÜCK

Wie wahr – es ist bereits mein siebter Aufenthalt in *Mondai.* Ich kann es nicht erklären oder in Worte fassen, aber jedes Mal wenn ich den Uruguay sehe, ist es, als ob ich nach Hause käme. Der Fluss hat für mich eine magische Anziehungskraft, als ob ich hier schon einmal gelebt hätte. In Mondai ist der Uruguay bereits ein mächtiger Fluss mit einer Breite von circa achthundert Metern und bildet die natürliche Grenze zwischen den Bundesstaaten Santa Catarina und Rio Grande do Sul. Am liebsten würde ich einmal den ganzen Fluss bis zum Rio de la Plata hinunterfahren, aber das lässt der Lauf des Flusses nicht zu. Wie schade!!!

ANKUNFT ALS ÜBERRASCHUNG

Nach dreizehn Wochen und etwa 17000 Kilometern komme ich an einem vertrauten Ort mit mir vertrauten Menschen an. Nur Ivone, die Leiterin von TERRA NOVA weiß, dass ich früher ankomme. Ich möchte, dass meine Ankunft bis zum Geburtstag meines Patenkindes Rodrigo (in einer Woche) geheim bleibt. Die Mitarbeiter von TERRA NOVA sagen mir: „Die Geheimhaltung wird dir nicht gelingen. Du kennst doch die Menschen in Mondai.“ Trotzdem will ich es versuchen. Wer soll schon Maria, der Mutter meines Patenkindes erzählen, dass ich da bin? Bereits am nächsten Tag klingelt während des Mittagessens das Telefon und ich bin überrascht, als man mir den Hörer weiterreicht. Lucia, eine Freundin, ist am Telefon. „Woher weißt du, dass ich da bin?“, frage ich gleich. „Ein Vogel hat es mir gezwitschert“, antwortet sie ausweichend. „Lucia“, sage ich, „du darfst es niemandem weitererzählen. Ich will Maria und Rodrigo nächste Woche überraschen.“ Sie gibt mir ihr Ehrenwort.

Am Geburtstag erfahre ich dann, dass auch Maria und Rodrigo bereits gewusst haben, dass ich schon da bin. „Wer hat es euch gesagt?“, will ich wissen. Aber auch die beiden verraten mir ihr Geheimnis nicht. Einige Tage später spricht mich beim Einkaufen eine Kassiererin an: „Kommst du aus *Alemanha?*“ Als ich bejahe, sagt sie mir: „Meine Tante hat mir erzählt, dass du da bist.“ Da beschleicht mich das seltsame Gefühl, dass ich in Mondai wohl schon so bekannt bin wie ein bunter Hund, was ich seither nur nicht wahrhaben wollte. Die Überraschung war wohl ein Satz mit x! Ganz zum Schluss verraten sie mir das Geheimnis. Am Tag meiner Ankunft hat zufällig eine Mitarbeiterin von TERRA NOVA Lucia getroffen und sofort wurde die allerneuste Info an alle anderen weitergeleitet.

MEIN LEBENSALLTAG IN BRASILIEN

Für die nächsten drei Monate wird das *Antasland* mein Zuhause sein. Das fünfzig Hektar große Land hat seinen Namen vom Rio Antas, dessen Flussschleife das Land umschließt. Neben den Orangenplantagen und der Viehzucht befindet sich seit zwei Jahren auch das neue Kinderheim von TERRA NOVA auf dem Gelände. Ich wohne in einem sechzehn Quadratmeter kleinen, einfachen Einzimmerappartement. Wie in Brasilien üblich, fließt an den Wasch- und Spülbecken nur kaltes Wasser. Die Dusche funktioniert mit einem kleinen Durchlauferhitzer, den ich auf Sommer oder Winter einstellen kann. Damit die Toilette nicht verstopft, wird das Klopapier separat in einem Abfalleimer gesammelt und dann verbrannt. All das ist mir schon bestens vertraut.

Vom ersten Tag an funktioniert mein Türschloss jedoch nicht richtig. Da ich befürchte, eines Tages den Schlüssel abzubrechen, bitte ich Unas, unseren Gärtner und Hausmeister, danach zu schauen. Er muss das Schloss sogar austauschen. Als ich am Abend aufschließe, bin ich ganz glücklich, wie leicht es geht. Leider kann ich jetzt aber nicht mehr von innen abschließen. Was nun? Es ist mir unheimlich, mit offener Tür zu schlafen, deshalb suche ich nach einer Lösung. Schließlich komme ich auf die geniale Idee, meinen Trekkingstock unter den Türgriff zu stellen. Damit ist zumindest die Nacht und auch das Wochenende gerettet. Als Unas dann nochmals danach schaut, klopft er mit dem Hammer so stark auf den Schlüssel, dass er tiefer im Schloss steckt und ich jetzt auch von innen abschließen kann. Allerdings muss der Schlüssel innen jetzt immer stecken bleiben. Mit dem zweiten Schlüssel kann ich aber trotzdem von außen abschließen. Einmal vergesse ich den Außenschlüssel abzuziehen. Ich habe am Abend zwar von innen abgeschlossen, aber von außen hätte jederzeit

jemand öffnen können. Meine Schutzengel begleiten mich auch in Brasilien!

Vor der Haustür liegt fast jeden Tag ein kleines Häufchen Holzmehl. Ich denke sofort an einen Holzwurm, aber Ivone sagt mir, es komme von Wanderameisen. Leider halten sich diese Ameisen auch in meinem Bad auf. Nach getaner Arbeit in der Nacht lassen sie – wie die Handwerker – einfach ihren Dreck liegen und ich muss ihn jeden Morgen zusammenkehren. Eines Morgens entdecke ich einen fingernagelgroßen Babyfrosch in meinem Bad. Zuerst denke ich: „Leben und leben lassen." Als ich ihn am dritten Tag doch hinausbefördern will, ist er bereits gestorben. Besonders gerne mögen mich die Moskitos. Wahrscheinlich hat der erste Moskito, der mich gestochen hat, gleich weitererzählt, dass eine neue *Alemã* eingetroffen sei. Ein Stich war besonders schlimm. Im ersten Moment dachte unsere Krankenschwester sogar an einen Spinnenbiss. Seit ich mit einem Moskitonetz schlafe, fühle ich mich sicherer und kann auch abends unbesorgt lesen. Wenn es im Zimmer zu heiß ist, setze ich mich zum Lesen lieber auf die Veranda. An einem Abend habe ich das Gefühl, dass etwas auf meinem Kopf gelandet ist und streiche mit der Hand über das Haar. Als ich auf den Boden schaue, sehe ich dort einen Frosch sitzen. Zuerst bin ich skeptisch, ob dieser Frosch wirklich auf meinem Kopf gesessen hat. Darum suche ich am nächsten Abend die Decke der Veranda ab – und sehe dort tatsächlich kleine Frösche sitzen. Also hatte ich es mir doch nicht eingebildet. Ja, in Brasilien muss man mit seinen Haustieren leben lernen.

Auf dem Gelände haben wir natürlich noch weitere Tiere. Nachts höre ich vor allem die Grillen zirpen und die Frösche quaken. Aber ich höre noch ein weiteres Geräusch, welches ich einer Kuh zuordne. Ich verstehe nur nicht, warum sie gerade nachts immer so brüllen muss. Eines Tage frage ich bei Hansjörg nach: „Sag mal, was ist eigentlich mit der Kuh los, die nachts immer so brüllt?“ Hansjörg lacht laut auf und erklärt mir grinsend: „Das ist keine Kuh, die Laute kommen von den Ochsenfröschen.“ „Na, da haben sie ihren Namen zurecht erhalten“, antworte ich daraufhin lächelnd. Großen Spaß habe ich bei der Beobachtung der Leuchtkäfer, die mit Blinklicht durch die Nacht fliegen. Die Eidechsen, die hier bis zu einem Meter lang werden, sind menschen- und fotoscheu. Die Leute sagen zwar, dass die *Lagartas* ungefährlich sind, trotzdem bin ich froh, wenn sie sich gleich verziehen, sobald sie mich wahrnehmen.

Neben mehreren Hunden haben wir auch ein Pferd, das unser natürlicher Rasenmäher ist. Über die Blumenbeete tanzt eine Vielzahl bunter Schmetterlinge und es gibt jede Menge schöner Vögel. Besonders gut gefallen mir die Kolibris und die Scherenschwanzschwalben.

Lagarta

Darüber, dass ich einmal von einer solchen Schwalbe angegriffen werde, bin ich natürlich weniger begeistert. Ein größerer Vogel ist der *Quero quero*, der stolz auf unserem Rasen herumspaziert. Man nennt ihn so, weil er ständig *quero quero* ruft (übersetzt: „ich will, ich will"). Um die Weihnachtszeit machen die Zikaden, die sogenannten Weihnachtskäfer, einen Höllenlärm.

An all diese Tiere habe ich mich im Lauf der Zeit gewöhnt. Als aber Anna und ich auf dem Weg zum Fluss eine Schlange entdecken, ist mir mehr als mulmig zumute. Der Schreck fährt mir in die Glieder und ich weiche schnell zurück, doch die Schlange bleibt ruhig in der Sonne liegen. So bin ich ganz mutig und mache aus sicherer Entfernung Fotos. Als ich den Einheimischen die Fotos zeige, sagen sie mir: „Das ist eine *Jararaca*, eine der gefährlichsten Giftschlangen in Brasilien." Auch Anna hat vermutet, dass es eine Giftschlange war, da sie einen spitzen Kopf und einen schnell auslaufenden dünnen Schwanz hatte. „Sie lag zum Angriff bereit", erzählen die Einheimischen. „Sie kann dich sogar am Hals beißen, weil sie so hoch springen kann. „Warum hat sie nicht gebissen?", frage ich weiter. Marias Bruder meint: „Es war nicht die Zeit zum Beißen." Warum auch immer – ich bin froh, dass ich heil davongekommen bin. Denn bei einem Biss hätte ich innerhalb einer Stunde das Gegenmittel gebraucht. Ich bin wirklich beschützt auf meiner Reise!

In Deutschland bedeutet Weihnachtszeit auch Winterzeit. Hier ist es gerade anders herum. Es ist Hochsommer und die Temperaturen steigen ins Unerträgliche. Manchmal haben wir über vierzig Grad im Schatten und selbst in meinem Zimmer steigt die Temperatur an manchen Tagen bis auf fünfunddreißig Grad. Bei der großen Hitze könnte ich ständig duschen, aber sobald ich abgetrocknet bin, fängt das Schwitzen von vorne an. Eine Abkühlung im Rio Antas tut bei dieser Hitze immer gut. Manchmal gehe ich schon morgens zwischen 8.00 und 9.00 Uhr schwimmen, aber auch am frühen Abend ist ein Bad nicht zu verachten. Neben dem Schwimmen gehe ich viel spazieren. Der *camino* wirkt weiter und ich merke, wie gut es mir tut. Gleichzeitig sind die Spaziergänge ein kleines Training für meine bevorstehende Trekkingtour in Chile. Außerdem brauche ich wegen des guten Essens die Bewegung. Ich liebe die brasilianische

Küche, will aber nicht zunehmen. Deshalb lege ich jede Woche einen Obsttag ein. Bei den leckeren Früchten fällt der Verzicht auf das übrige Essen nicht schwer.

Natürlich möchte ich während des Aufenthalts hier meine Portugiesisch-Kenntnisse aufbessern. Das ist in einer Stadt, in der noch viel deutsch gesprochen wird, aber mehr als schwierig. Selbst wenn ich die Leute in den Geschäften auf Portugiesisch anspreche, antworten sie auf Deutsch. Sie sagen dann immer: „Du kannst ruhig deutsch reden." Sie sind stolz darauf, deutsch sprechen zu können. Manchmal ist es ja auch hilfreich, aber dadurch wird mein Portugiesisch eben nicht besser. Auf dem Antasland sprechen ebenfalls noch viele Mitarbeiter deutsch, so dass ich da genauso wenig Übung bekomme. Am besten ist es mit den Kindern, die können kein Deutsch.

Wenn ich in die Stadt gehe, versuche ich möglichst *brasilianisch* zu wirken und grüße die Leute freundlich. In Brasilien sagt man am Morgen *bom dias*, was übersetzt zwar guten Tag heißt, aber nur bis zum Mittagessen verwendet wird. Am Nachmittag heißt es *boa tarde* und nach Einbruch der Dunkelheit *boa noite*. Einmal war ich so in Gedanken versunken, dass ich die Leute noch am frühen Abend mit *bom dias* grüßte. Es hätte mich sehr interessiert, was die Leute sich wohl gedacht haben. Eine andere Begrüßungsform ist *oi*, das so viel wie *Hallo* bedeutet. Bisher habe ich nie darauf geachtet, wie man es richtig ausspricht. Als ich zu einer Frau ein kurzgesprochenes *oi* sage, antwortet sie mit einem langgezogenen *oi*. *Ok.*, denke ich, *so spricht man es also richtig aus*. Danach kommt mir ein Mann entgegen, der mir auf mein langgezogenes *oi* mit einem kurzgesprochenen antwortet. Was nun? Als ich diese Begebenheit erzähle, erklärt man mir, dass ein langgezogenes *oi* bei einem Mann eigentlich als Anmache gilt – wie peinlich! Frauen untereinander verwenden meistens ein langgezogenes *oi.* Wenn eine eine Reise tut …

MONDAI IM AUFSCHWUNG

Mondai ist eine Kleinstadt mit circa 8000 Einwohnern im Landesinneren von Santa Catarina. Bis zur argentinischen Grenze braucht man mit dem Auto gerade mal

eine Stunde. Charakteristisch für die Region sind die hügelige grüne Landschaft und die rote Erde. Ich liebe es, mit dem Auto auf diesen Erdstraßen durch das Hinterland zu tuckern. Die Geschwindigkeit reduziert sich automatisch und man fährt weder links noch rechts, sondern dort, wo es die Straße gerade zulässt.

Seit meinem letzten Besuch vor fast fünf Jahren hat Mondai sein Gesicht stark verändert. Es entstanden viele neue Häuser und der Bauboom hält weiterhin an. Diese Entwicklung war nur möglich, weil die Banken zum ersten Mal günstige Kredite gewährten, ohne dass man in der *richtigen* Partei sein musste. So bekamen auch die einfachen Leute die Möglichkeit, sich ein kleines Häuschen zu bauen. Das ist ein Erfolg von Lulas (Präsident von Brasilien: *Luiz Inácio Lula da Silva;* er wird in Brasilien nur Lula genannt) Regierungsprogramm. Wer schon ein Häuschen besaß, hat ihm mit dem Kredit einen neuen Anstrich verpasst. Die beiden größten Arbeitgeber der Stadt, eine Textil- und eine Möbelfabrik, haben viele neue Arbeitsplätze geschaffen. Es heißt, dass jeder, der in Mondai arbeiten will, auch einen Arbeitsplatz findet. Ich komme mir vor, als ob ich das deutsche Wirtschaftswunder der sechziger Jahre noch einmal erlebe. Trotzdem müssen viele Menschen mit einem Mindestlohn von umgerechnet etwa hundertsechzig Euro leben. Das ist nicht viel, aber es ist erstaunlich, wie sie ihr Leben damit meistern. Als ich einer Freundin ein Handtuch mitbringe, ist sie sehr froh. Bis jetzt hatte sie neben ihrem Badetuch nur zwei Handtücher zum Wechseln. Wie viele Handtücher liegen bei uns unbenutzt in den Schränken?

Das Bildungsniveau in den staatlichen Schulen ist nach wie vor sehr niedrig. Die Schüler haben gerade mal vier Stunden Unterricht am Tag und es gibt so gut wie keine Hausaufgaben. Häufig gibt es einen Grund, die Schule ausfallen zu lassen. So gibt es zum Beispiel sowohl einen Lehrer- als auch einen Schülertag und jedes Mal ist unterrichtsfrei. Wenn ich nach dem Grund der schlechten Schulausbildung frage, erklärt man mir, dass die Oberschicht das einfache Volk dumm halten will. Das ist ziemlich traurig, denn Bildung ist die Zukunft des Landes – heute noch mehr als früher. Hoffentlich gelingen der Regierung auch da die entscheidenden Reformen. Die Regierung hat bereits ein Programm entwickelt, um die Kinder in die Schule zu bekommen. Aber was nützt es, wenn sie dort nichts lernen!

Die Globalisierung ist auch vor Mondai nicht stehen geblieben. Der Fernseher, den es inzwischen in fast jedem Haushalt gibt, bestimmt das Leben vieler Menschen. Schon morgens flimmern die Kisten in den Wohnzimmern und abends wird eine *Novela* nach der anderen geschaut. Genauso haben Handys, Computer, Internet, MP3-Player, Video und DVDs Einzug gehalten. Wahrscheinlich bin ich bald die Einzige, die kein Handy besitzt ... Immer mehr Menschen können sich ein Auto oder ein Motorrad leisten. Trotzdem sind die Straßen für deutsche Verhältnisse leer und eine Ampel wird in Mondai noch lange nicht gebraucht. Selbst ein Fitnessstudio gibt es seit einigen Jahren. Klar, warum auch nicht? Doch für mich passt das so gar nicht in mein Bild von Mondai. Deshalb entlockt es mir immer wieder ein Schmunzeln. Aber seit immer mehr Menschen statt auf dem Land in der Fabrik arbeiten, müssen sie etwas für ihre Gesundheit tun. Selbst die Firmen bieten dafür Bewegungsprogramme an.

Aber es gibt auch noch das andere Brasilien, das der modernen Zeit dreißig bis fünfzig Jahre hinterher ist. Arbeiten, die bei uns längst Maschinen übernommen haben, werden hier noch von Hand gemacht. Beim Hausbau wird der Zement Eimer für Eimer mit dem Flaschenzug nach oben gezogen und die Ziegelsteine werden einzeln nach oben geworfen. Meine Wäsche wasche ich in einer Kombination von einfacher Waschmaschine mit kaltem Wasser, Waschbrett und Schleuder. Wenn ich Besuch bekomme, klatscht dieser vor der Tür dreimal in die Hände. Eine Klingel gibt es nur ganz selten. Ich fahre mit einem VW-Käfer Jahrgang 73, der bei uns schon längst verschrottet oder als Oldtimer-Liebhaberstück konserviert worden wäre. Das Lenkrad hat ziemlich viel Spiel, die Bremsen reagieren spät und der Sicherheitsgurt wird als Attrappe für die Polizei über die Schulter gelegt. Mit meiner Kreditkarte (Mastercard) bekomme ich in Mondai kein Geld. Die nächste Möglichkeit ist über sechzig Kilometer entfernt. Bargeld kann ich nur in großen Städten wechseln, die sechshundert bis achthundert Kilometer entfernt sind. Einen Flug kann ich mit meiner Kreditkarte ebenfalls nicht buchen, weil ich keine brasilianische Steuernummer besitze. Meine Telefonkarte kaufe ich nicht in einem Telefonladen, sondern in der Apotheke. Bei Gewitter fällt der Strom oft aus, was aber keinen Brasilianer aus der Ruhe bringt. Sie leben einfach damit. Einmal wollten wir Weihnachtsplätzchen backen, aber der Strom war schon einige Stunden weg. So haben wir einfach die Gelegenheit genutzt und die Gefriertruhe abgetaut. Bei Regen reduziert sich die Geschwindigkeit der Internetübertragung auf das Tempo einer Schnecke. Das Radio ersetzt die lokale Tageszeitung. Alles, was in und um Mondai wichtig ist, wird durchgesagt: wer im Krankenhaus liegt; wer gestorben ist und wann die Beerdigung sein wird; wo ein Fest stattfindet usw. Als wir auf dem Antasland den Fischteich leeren, wird im Radio durchgesagt, dass die Leute bei uns Fisch kaufen können. Zweimal sehe ich an diesem Tag ein Polizeiauto auf unserem Gelände fahren. Auf meine Frage, was die Polizei heute bei uns mache, bekomme ich lapidar zur Antwort: „Fische kaufen.“ Stimmt, was sollen sie auch sonst hier machen?

DAS NEUE TERRA NOVA

Nicht nur in Mondai hat sich in den letzten Jahren viel verändert, sondern auch auf TERRA NOVA.

Als ich 1990 zum ersten Mal hierher kam, lebte ich sieben Kilometer von Mondai entfernt in einem Tal. Dort befand sich das Ausbildungszentrum für Jungbauern.

Wir betreuten junge Männer im Alter von sechzehn bis vierundzwanzig Jahren. Sie hatten nach der vierten Klasse keine Möglichkeit mehr gehabt, eine weiterführende Schule zu besuchen und arbeiteten seit ihrem zehnten Lebensjahr auf dem Land der Eltern mit. Bei uns holten sie innerhalb von zwei Jahren den Lernstoff von Klasse fünf bis acht nach und machten ihren Hauptschulabschluss. Gleichzeitig erhielten sie eine landwirtschaftliche Ausbildung. Parallel dazu gab es in der Stadt ein Mädcheninternat. Für die Mädchen aus den Kolonien war das Internat die einzige Möglichkeit, einen Schulabschluss zu machen. Zudem wurden sie im Internat auch im hauswirtschaftlichen Bereich geschult.

Der dritte Arbeitszweig war schon damals der ökologische Landbau. Das Antasland wurde neben der Produktion auch zur Schulung genutzt. Viele Kleinbauern kamen zu Kursen hierher.

Doch so wie sich die Stadt und das Land wandelten, hat sich auch der Aufgabenbereich von TERRA NOVA verändert. Die Kinder aus der Kolonie brauchten die Internate irgendwann nicht mehr. Dank der verbesserten Infrastruktur erreichen sie jetzt mit Bussen die Schule.

Das Kinderheim – eine zweite Chance

Dafür kamen immer mehr Anfragen vom Jugendgericht, Kinder aufzunehmen, deren familiäre Situation zu Hause untragbar geworden war. Doch für diese Arbeit waren die alten Gebäude nicht geeignet. So wurde vor drei Jahren der mutige Entschluss gefasst, statt großer Umbaumaßnahmen die beiden Internate zu verkaufen und auf dem Antasland ein neues Kinderheim zu bauen. Ähnlich wie bei SOS-Kinderdörfern entstanden vier Einzelhäuser. Jedes Haus kann bis zu acht Kinder aufnehmen, wobei der Bedarf so groß ist, dass derzeit in manchen Häusern sogar zehn Kinder leben. Die Kinder sind zwischen vier und achtzehn Jahren alt. Die meisten von ihnen wurden misshandelt, haben Missbrauchserfahrungen oder andere Traumata erleben müssen. Neben den Hausmüttern werden sie von einer Sozialarbeiterin und einem Psychologen begleitet. Die Sozialarbeiterin ist vor allem das Bindeglied zwischen dem Heim und dem Zuhause; sie betreut auch die Eltern. Wie in Deutschland wird auch hier darauf hingearbeitet, dass die Kinder möglichst schnell wieder nach Hause zurück können. Leider ist das nicht immer möglich. Es gibt Kinder, bei denen die Mutter gestorben ist und der Vater im Gefängnis sitzt; oder die Mutter verdient ihr Geld als Prostituierte und der Vater ist verschwunden. Deshalb sind manche Kinder bis zu ihrem 18. Lebensjahr hier und viele wünschen sich, adoptiert zu werden.

Wichtig ist, heute wie damals, dass den Kindern die Möglichkeit für eine bessere Zukunft gegeben wird. Dass dies möglich ist, zeigt Selmira. Sie hat selbst sieben Jahre im Internat gelebt, fängt jetzt ein Pädagogikstudium an und arbeitet gleichzeitig als Vertretung der Heimmütter auf TERRA NOVA mit. Können die Kinder ein besseres Vorbild haben?

ERFOLGREICHE ENTWICKLUNGSHILFE

Rodrigo ist inzwischen seit siebzehn Jahren mein Patenkind. Als ich damals mein Soziales Jahr auf TERRA NOVA machte, begleitete ich ihn neben meiner Arbeit.

Seine Mutter Maria war unsere Köchin und wir wohnten im selben Haus. Rodrigo hatte starke Entwicklungsprobleme. Mit meinem gesunden Menschenverstand und meinen pädagogischen Erfahrungen versuchte ich, ihn zu fördern. Wir sind uns in dieser Zeit sehr ans Herz gewachsen. So war es für mich klar, dass ich ihn auch von Deutschland aus weiterhin begleiten wollte. Meine Patenschaft bestand vor allem darin, ihn in den Bereichen Bildung und Gesundheit finanziell zu unterstützen.

Als ich diesen inzwischen 23-jährigen Burschen nun vor mir stehen sehe, bin ich mir sicher, dass meine private Entwicklungshilfe erfolgreich war. Das Geld war nicht umsonst ausgegeben. Den ersten Teil seines Studiums in Unternehmensgründung hat er im November mit Erfolg beendet. Bei seiner Abschlusspräsentation wollte er natürlich angemessen angezogen sein. Da der einfache Brasilianer aber für solche Anlässe keine passende Kleidung hat, leiht er sich diese für viel Geld aus. Rodrigo sah wirklich „schick" aus und ich war richtig stolz auf ihn.

Nun muss er noch zwei Jahre bis zu seinem Abschlussdiplom durchhalten, d.h. tagsüber acht Stunden arbeiten und abends von sieben bis zehn Uhr studieren. Rodrigo arbeitet in der mütterlichen Bäckerei mit und ist dort für den Verkauf und die Buchhaltung zuständig.

Rodrigo vor seiner Abschlusspräsentation

Maria hat die Bäckerei vor drei Jahren gegründet. Einige Jahre davor hatte sie schon einmal einen Versuch gemacht. Damals hatte sie alle Teige von Hand geknetet, aber das war körperlich zu anstrengend. Jetzt besitzt sie Teigmaschinen und auch größere Öfen zum Backen. Maria ist für die gute Qualität ihrer Ware bekannt. Ihre Bäckerei läuft so gut, dass sie inzwischen sogar fünf Angestellte beschäftigt. Aber es ist kein Honigschlecken: Ihr Arbeitstag beginnt morgens um 5.00 Uhr, dann wird mit kleinen Pausen durchgearbeitet. Selten kommt sie vor 1.00 Uhr nachts ins Bett. Ich staune, wie sie das durchhält und dazu noch fröhlich ist.

Am ersten Todestag von Marias Vater fahren wir zu ihrer Mutter nach Hause. Zum Schluss der Messe, die für ihren Vater gehalten wird, sagt der Pfarrer: „Heute haben wir sogar Besuch aus Deutschland." Alle drehen sich daraufhin zu uns um. Mir ist das sehr unangenehm. Beim Rausgehen fragen mich die Leute: „Kannst du auch Deutsch sprechen?" Ich lache in mich hinein und antworte: „Eigentlich ganz gut." Die Menschen, die in der Kolonie leben, sprechen fast ausschließlich deutsch. Doch es ist ein altes Hunsrückdeutsch, das sehr von unserer heutigen Sprache abweicht. Würde ich mich mit ihnen so wie in Deutschland gewohnt unterhalten, würden sie fast nichts verstehen. Es ist eben eine komplett andere Welt.

Maria hat noch acht Geschwister. Während sie und ihre Schwestern alle lesen und schreiben können, sind ihre Brüder Analphabeten. Sie können nur ihren Namen schreiben. Jedes Mal, wenn ich ihre Brüder sehe, kann ich das nicht fassen. Sie sind gestandene Männer, die ihr Leben meistern. Sie fahren Auto oder Motorrad ohne Führerschein, da sie die Theorieprüfung nicht machen können. Bis jetzt hatten sie Glück und sind noch nie angehalten worden.

BRASILIANISCHE GASTFREUNDSCHAFT

Katiane kommt an die Tür. Die Hunde haben gebellt und nun will sie nach dem Grund schauen. Sie weiß nicht, dass wir kommen. Mit Diva und Lucia habe ich eine schöne Wanderung über den Berg in das Tal von *Pirapocu* gemacht. Nun blickt Katiane etwas irritiert auf den Weg. Nachdem sie mich erkannt hat, läuft sie auf mich zu und umarmt mich mit Tränen in den Augen. Nach der rührenden Begrüßung bittet sie ihren Bruder Mathias, die Eltern vom Feld zu holen.

Nancy und Ivo kenne ich schon seit siebzehn Jahren und ihr Haus ist immer für mich offen. Wie viele schöne Stunden habe ich schon bei ihnen verbracht! Sie besitzen nicht viel, doch sie teilen mit mir, was sie haben. Vor ein paar Jahren haben sie ihr altes Holzhaus abgebaut und ein neues errichtet. Die alten Bretter wurden beim Neubau mitverwendet. Während des Umbaus haben die Eltern im Kuhstall geschlafen und die Kinder bei Ivos Mutter, deren kleines Häuschen direkt daneben steht.

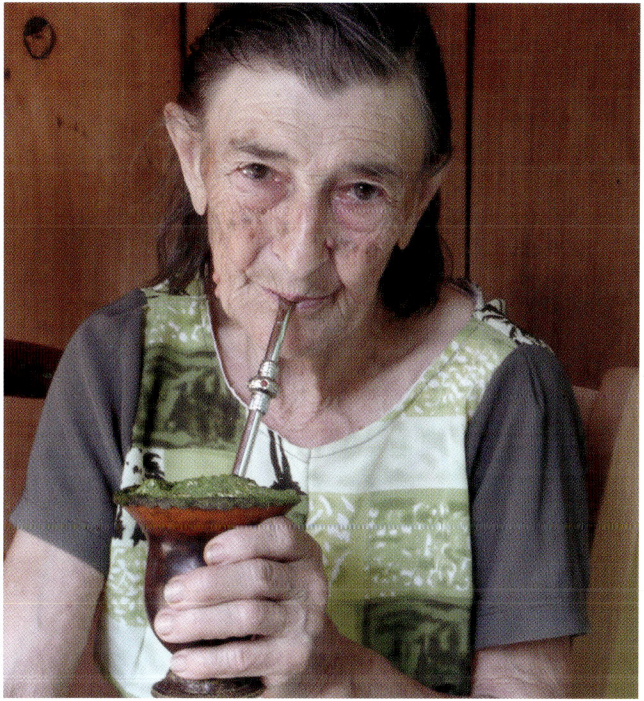

Frieda, Ivos Mutter und Katianes Oma

Katiane hat vor einem Jahr ihr Abitur gemacht und nun arbeitet sie zu Hause. Ich kann es nicht fassen. Soll das Mädchen in denselben ärmlichen Verhältnissen weiterleben wie ihre Eltern? Leider reicht das Geld aber nicht für ein Studium. Sie kommen gerade so über die Runden, weil sie noch die Rente der Oma zur Verfügung haben. Ohne dieses Geld würde es ihnen wesentlich schlechter gehen. Um in Mondai zu studieren, müsste Katiane auch dort wohnen. Mit dem Geld, das sie beim Arbeiten nebenher verdienen würde, könnte sie gerade die Unterkunft und das Essen bezahlen. Für das Studium selbst würde aber nichts übrig bleiben. Hoffentlich finden sie eine Lösung, damit das Mädchen eine bessere Zukunft hat!

Nancy hat Augenprobleme. Ohne Brille kann sie nicht mehr lesen. Doch eine Brille kostet einen Mindestlohn – eine Summe, die sie nicht zahlen kann. (Der Mindestlohn ist ein Monatslohn, der mindestens bezahlt werden muss. Für einfache Arbeiten erhalten die Beschäftigten einen Mindestlohn, entspricht circa hundertsechzig Euro, für verantwortungsvollere Arbeiten werden zwei, drei und mehr Mindestlöhne bezahlt.) Ich würde ihr gerne meine Brille dalassen, doch ich brauche sie ja selbst. Ich gebe ihr einen finanziellen Zuschuss und hoffe, dass sie bald eine Brille bekommt.

In der Nachbarschaft wohnt Markus mit seiner Familie. Auch hier war ich früher sehr oft als Gast gewesen und habe mit den Eltern Canasta gespielt. Markus hat vor vielen Jahren den elterlichen Hof übernommen. Damit verpflichtete er sich, für seine Eltern zu sorgen. Als sein Vater 2005 die Diagnose Darmkrebs bekam, musste dieser schnellstmöglich operiert werden. Eine sofortige Operation war nur auf Privatrechnung möglich. Ansonsten hätte der Vater ein halbes Jahr warten müssen. So lange wollte und konnte man aber nicht warten. Die Operation kostete 6000 Euro. Das Geld hatte Markus natürlich nicht. Darum verkaufte er Vieh und lieh sich den Restbetrag von seinen Geschwistern aus. Leider starb der Vater trotz der Operation ein halbes Jahr später; Markus zahlt bis heute die Raten an seine Geschwister zurück.

Mit einer Bekannten fahre ich ins Hinterland. Wir besuchen Kolonisten, denen es nicht so gut geht und bringen ihnen gebrauchte Kleidung. Die Menschen sind

überglücklich über die unverhofften Geschenke. Bei dieser Fahrt lerne ich auch Arno Koeln kennen. Seine Vorfahren sind deutsche Auswanderer, die sich in und um Mondai niedergelassen haben. Er erzählt uns von seinem Onkel, der immer zu ihm gesagt hat: „Wenn Besuch kommt, dann lass alles stehen und nimm dir Zeit für deinen Besuch, denn diese Zeit kommt nicht wieder." So verhält er sich auch jetzt. Er hat Zeit für uns und will uns sogar zum Mittagessen einladen. Leider habe ich keine Zeit dafür, da ich noch eine Verabredung habe. Bei meiner nächsten Brasilienreise will ich ihn auf jeden Fall wieder besuchen und mir dann genügend Zeit für ihn nehmen.

„Geh zu den Menschen, lebe mit ihnen, liebe sie, lerne von ihnen, fang an mit dem, was sie haben, und baue auf dem auf, was sie wissen."

Diese afrikanische Weisheit passt so gut zu meinen Erfahrungen, die ich hier in Brasilien mache. Ich lerne von diesen Menschen sehr viel und hoffe, dass auch ich ein paar Spuren hinterlassen habe.

BESUCH AUS DEUTSCHLAND

In den Weihnachtsferien kommt meine Freundin Beate aus Deutschland zu Besuch. Zur Jahrtausendwende war sie schon einmal mit mir in Mondai und jetzt packt sie die Gelegenheit beim Schopfe, um diese Menschen erneut zu besuchen. Besonders freue ich mich darüber, dass auch meine brasilianische Freundin Gisela aus Curitiba für vier Tage mitkommt.

Natürlich ist Weihnachten bei Hitze ganz anders als in Deutschland. An Heiligabend gehen wir erst einmal im Antas eine Stunde schwimmen, ehe wir am späten Abend bei Maria feiern. Sie muss bis neun Uhr arbeiten. Am ersten Weihnachtsfeiertag fahren wir zu ihrer (Marias) Mutter und ihren Geschwistern. Obwohl drei Geschwister nicht kommen können, sind wir sechsunddreißig Personen. Zum Mittagessen gibt es einen leckeren Churrasco. Bei diesem Nationalgericht wird über dem offenen Feuer Fleisch auf einem Spieß gebraten. Anschließend gehen die sogenannten Schwertträger von Gast zu Gast, stellen den Spieß auf den Teller und der Gast sticht mit seiner Gabel in das Stück Fleisch, das

Marias Bruder und Schwägerin – herzliche Gastfreundschaft

er gerne essen möchte. Der Schwertträger schneidet dann genau dieses Stück Fleisch ab. Auf diese Weise bedienen die Schwertträger die Gäste so lange, bis sie satt sind. Dazu gibt es verschiedene Salate, Brötchen und oft auch einen Streuselkuchen.

Beim lebhaften Austausch werden wir neugierig nach dem Leben in Deutschland ausgefragt, so wie wir etwas über ihr Leben hier erfahren wollen. Doch eigentlich können sich diese Menschen nicht vorstellen, wie wir tatsächlich leben. Genauso wenig könnten wir uns ihr Leben vorstellen, wenn wir nicht hier wären. In den nächsten Tagen besuchen wir weitere befreundete Familien. Überall ist es interessant. Ich liebe solche Besuche, weil ich auf diese Weise so viel von den Menschen und ihrem Leben erfahre. Immer wieder stelle ich fest, dass sie trotz ihres nicht einfachen Alltags eine größere Zufriedenheit ausstrahlen als die meisten Menschen in Deutschland. Ein Grund hierfür ist sicherlich der andere Umgang mit der Zeit.

Am ersten Weihnachtsfeiertag, als wir bei Marias Familie zu Besuch sind, fühlen sich plötzlich zwei Zehen meines rechten Fußes eigenartig an. Die Zehen sind nicht „eingeschlafen“ und ich habe auch keinen Krampf, aber irgendetwas stimmt nicht. Nach einiger Zeit stelle ich fest, dass ich die Zehen zwar noch beugen, aber nicht mehr strecken kann. Was ist passiert? Ich habe nichts wahrgenommen und auch keinerlei Schmerzen verspürt. Was nun? Die Masseurin meint am nächsten Tag, dass es von der Wirbelsäule kommen könnte. Da ich keine Rückenbeschwerden habe, glaube ich das nicht. Ich bin mir ziemlich sicher, dass am Fuß selbst etwas nicht stimmt. Ivone bringt mich zu einem Heiler, aber auch seine Behandlung bleibt ohne Erfolg. In Mondai gibt es keinen Orthopäden und auch sonst keine Untersuchungsmöglichkeiten für dieses Problem. Also macht es keinen Sinn, hier zum Arzt zu gehen. Außerdem ist Ferienzeit, d.h. viele Ärzte sind im Urlaub. So machen Beate und ich erst einmal unsere geplanten Ausflüge.

SALTO YUCUMÃ

Unser erster Ausflug führt uns in den *Nationalpark Salto Yucumã* in Rio Grande do Sul, um den Wasserfall des Rio Uruguay zu bestaunen. *Yucumã* ist die indianische Bezeichnung für diesen besonderen Wasserfall.

Normalerweise stürzen Flüsse an ihrer Breitseite in die Tiefe. Nicht so der Uruguay. Er stürzt in der Flussmitte über eine Länge von 1,8 Kilometern in die Tiefe und ist damit weltweit der längste Wasserfall dieser Art. Es ist, als ob sich an dieser Stelle die Erde geöffnet und die Felsen auseinandergeschoben habe. Um den Wasserfall sehen zu können, müssen wir allerdings den Fluss bis zur Mitte queren. Das ist nur an Tagen mit niedrigem Wasserstand möglich. Wir haben Glück, doch die Strömung und die rutschigen Steine verlangen uns einiges ab. Angewandtes Teamwork lässt uns eine Viererkette bilden, damit wir sicher auf die Felsen in der Flussmitte gelangen. Von dort aus können wir das grandiose Schauspiel beobachten. Die Wassermassen, die zwölf Meter in die Tiefe stürzen, sind gewaltig. Hier bekomme ich eine Ahnung, was Wasserkraft ist. Nun verstehe ich auch, warum ich den Uruguay nicht bis zum Rio de la Plata hinunterschippern kann ...

AMETISTA

Unser nächstes Ausflugsziel heißt *Ametista.* Der Ort wurde so genannt, weil hier die meisten Amethyste der Welt abgebaut werden. In den 70er-Jahren waren Bauern bei der Feldarbeit auf Amethyste gestoßen. Seither hat sich dort das Leben komplett verändert. Plötzlich wurden die Bauern zu Minenbesitzern. Eine Mine nach der anderen entstand und letztendlich auch die Kleinstadt Ametista. Die neueste Errungenschaft ist ein privates Museum, in dem Edelsteine aus der ganzen Welt ausgestellt sind. In den dazugehörigen Höhlen wird der Minenabbau anschaulich dargestellt.

Wie die Steine entstanden sind, weiß niemand genau. Durch tektonische Verschiebungen vor circa hundertfünfzig Millionen Jahren haben sich im Erdinneren Blasen gebildet. Was weiter in den Blasen geschah, ist bis heute ein Rätsel. Interessant ist, dass die Steine sich alle auf einer Höhe von dreihundertachtzig Metern über dem Meeresspiegel befinden. Deshalb beträgt die Abbauhöhe in den Minen auch nur zwei

Arbeiter beim Reinigen
der durchschnittenen Amethyste

Meter. Mit 2 500 Menschen sind fünfundneunzig Prozent der Bevölkerung von Ametista am Steingeschäft beteiligt. Ein Minenbesitzer nimmt uns in seine Fabrik mit. Dort sehen wir, wie die Steine an einer Maschine mit Hilfe von Öl durchgeschnitten werden. Der Amethyst befindet sich im Inneren der Blase. Würde der Stein nicht aufgeschnitten, könnte man den Amethyst nicht sehen. Wie der Abbau in den Minen ist auch dies eine richtige Knochenarbeit. Neben der körperlichen Anstrengung werden durch den Staub vor allem die Lungen stark belastet. Der Besitzer möchte uns noch seine Mine zeigen, aber leider fehlt uns dieses Mal die Zeit, um sie zu besichtigen. Dafür werden wir in den Geschäften mit schönen Steinen entlohnt. Hoffentlich kommen alle heil in Deutschland an.

FLORIPA

Am 1. Januar reisen Beate und ich zum Relaxen nach *Florianópolis* an den Strand. Florianópolis ist die Hauptstadt von Santa Catarina und befindet sich größtenteils auf einer Insel. In Anlehnung an Florida nennen alle ihre Stadt liebevoll Floripa. Obwohl Hochsaison ist und die Stadt um diese Zeit regelmäßig von 300 000 auf 1,2 Millionen Menschen wächst, haben wir Glück und finden im Süden eine schöne ruhige *Pousada* (Pension) fast mitten im Urwald. Der Süden ist nicht so überlaufen, da die Landschaft ursprünglicher und das Wasser kälter ist. Wir können sowohl im Meer als auch in einer Lagune baden. Eine Bekannte und ihre Schwester zeigen uns Teile der Insel. Schnell ist uns klar, dass wir für diese interessante Insel mehr Zeit bräuchten.

GLÜCK IM UNGLÜCK

Die Bekannten in Floripa drängen mich, dort zur Ärztin zu gehen, weil mein Fuß nach wie vor Probleme macht. Mehr als den Hinweis, zum Facharzt gehen zu müssen, kann sie mir auch nicht geben. Zurück in Mondai bekomme ich als Privatpatientin sofort einen Termin bei einem Orthopäden im hundert Kilometer entfernten Chapecó. Da der Bus für diese Strecke knapp drei

Stunden benötigt, bin ich froh, dass Walter Zeit hat und mich und Diva (Freunde von mir) nach Chapecó fährt. Der Arzt dort nimmt sich Zeit, aber für eine endgültige Diagnose muss ich einen Ultraschall machen lassen. Der nächste freie Termin dafür ist drei Tage später. Also müssen wir die Fahrt noch einmal auf uns nehmen. Ich bin froh, dass Diva mich am Donnerstag erneut begleiten kann, denn in brasilianischer Begleitung fühle ich mich wesentlich sicherer, auch wenn ich mich mit dem Arzt in einer Mischung aus Portugiesisch und Englisch unterhalten kann. Diva ist mein Rückhalt. Bei der Untersuchung wird ein Abriss beider Strecksehnen festgestellt. Was nun? Der Arzt empfiehlt mir, meine Reise fortzusetzen, mich gegebenenfalls später in Deutschland operieren zu lassen oder auch nicht. Ich nehme zu meiner Sicherheit mit zwei Orthopäden in Deutschland Kontakt auf. Beide sagen dasselbe: Die Strecksehnen haben keine wichtige Funktion und eine Operation bringt meistens nicht den gewünschten Erfolg. Ich kann es lassen, wie es ist und weiterreisen. Nun habe ich immerhin eine lebenslange Erinnerung an meine große Reise.

Im Grunde hatte ich bei diesem Ereignis doppeltes Glück. Zum einen ereignet sich der Abriss in Brasilien, wo mir Freunde zur Seite stehen und ich auch die Zeit habe, mich in Ruhe darum zu kümmern. Zum anderen muss ich mich nicht operieren lassen und kann meine Reise fortsetzen. Glück im Unglück!!! Mein Schutzengel fliegt auch in Brasilien!

TRÄUME NICHT DEIN LEBEN, LEBE DEINEN TRAUM (Mark Twain)

Mit diesem Motto bin ich vor siebzehn Jahren zum ersten Mal nach Brasilien geflogen, um meinen Traum von einem einjährigen Auslandsaufenthalt zu leben. Jetzt fühle ich mich wie in einem Traum, der nicht mehr endet. Ja, mit dieser Reise erfülle ich mir einen großartigen Traum und ich möchte keinen Tag missen. Interessant ist, dass ich überhaupt kein Zeitgefühl mehr habe. Mir ist weder bewusst, dass ich schon fast sechs Monate unterwegs bin, noch, dass ich weitere sechs Monate unterwegs sein werde.

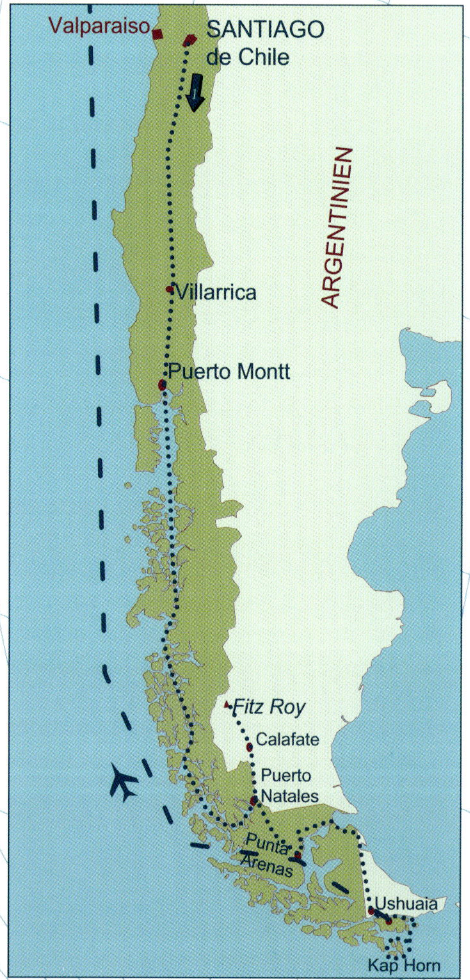
Valparaiso
SANTIAGO
de Chile
1
ARGENTINIEN
Villarrica
Puerto Montt
Fitz Roy
Calafate
Puerto
Natales
Punta
Arenas
Ushuaia
Kap Horn

PERU
Arica
Altiplano
BOLIVIEN
2
Iquique
Tocapilla
Calama
San Pedro
Salar de
Atacama
CHILE
ARGENTINIEN
Valparaiso
SANTIAGO
de Chile

KAPITEL 5

Am Ende der Welt

UNTERWEGS ZU VULKANEN, GLETSCHERN UND WÜSTEN

DER MENSCH BRAUCHT SO VIEL, WIE ER TRAGEN KANN

Es ist kurz vor Mitternacht und der Bus kommt und kommt nicht. Lucia, Maria und Rodrigo warten mit mir am Busbahnhof in Palmitos.

Zum Zeitvertreib schweifen unsere Blicke immer wieder zum Fernseher, der an der Decke befestigt und zur Sicherheit vergittert ist. Der *Karneval in Rio* wird übertragen, doch viel lieber wäre es uns allen, wenn der Bus endlich kommen würde. Mit einstündiger Verspätung sitze ich dann endlich im Bus nach São Leopoldo. Wie auf der Hinfahrt, mache ich bei Giselas Mutter Zwischenstation.

Am nächsten Tag fährt mein Bus nach *Santiago de Chile*. Auch dieser Bus hat Verspätung. Dieses Mal sind es zwei Stunden. Wenn nicht noch zwei weitere Personen mit mir warten würden, hätte ich vermutet, den Bus verpasst zu haben.

Die Fahrt nach Santiago dauert – inklusive inzwischen vierstündiger Verspätung – neununddreißig Stunden. Im Laufe der Fahrt entwickelt sich eine nette Busgemeinschaft. In Santiago nach Mitternacht angekommen, bringt mich der Sohn einer Mitreisenden sogar in meine Unterkunft.

Jetzt beginnt wieder das Leben aus dem Rucksack. Die Kleidung nimmt dabei allerdings den geringsten Platz ein. Fast alles habe ich in dreifacher Ausfertigung dabei: Schuhe, Hosen, Socken, T-Shirts und Unterwäsche. Dazu für kalte und regnerische Tage zwei Fleecepullis, Regenkleidung, lange Unterwäsche, Handschuhe und Mütze. Den meisten Platz im Rucksack nimmt das restliche Equipment ein: Schlafsack, Fernglas, Handtuch, Hygieneartikel, Medikamente, Bücher, Trinkflasche, Thermosflasche, Taschenlampe und verschiedene Lade- und Anschlussgeräte.

Nun beginnt auch wieder die Zeit der regelmäßigen Kleidungswäsche per Hand; hierzu gab mir der Kapitän der *MS Maruba* einen guten Tipp: „Wenn ich beim Segeln unter der Dusche stehe, wasche ich meine Kleidung gleich mit.“ Ein guter Rat, den ich gerne annehme. Trotzdem bringe ich, wenn es möglich ist, meine Kleidung gerne in eine Wäscherei.

DIE ERSTE HERAUSFORDERUNG – ASCHE UND SCHNEE

Das Anstrengendste beim Reisen ist das ständige (Neu)Organisieren. Es kostet nicht nur viel Zeit, sondern manchmal auch entsprechend Nerven, da ich die Verhältnisse im Land meistens nicht kenne und deshalb oft nicht verstehen kann, warum manches nicht wie geplant klappt.

Auf jeden Fall sitze ich zwei Tage später schon wieder im Bus und fahre in die *chilenische Schweiz* nach Pucón. Dies ist ein typischer Touristenort, der mich sofort an Oberstaufen erinnert. Am liebsten würde ich gleich wieder abreisen, doch von dort aus gibt es die Möglichkeit, den *Villarrica*, einen 2800 Meter hohen, noch aktiven Vulkan zu besteigen. Das reizt mich natürlich. Andererseits kann ich meine Kondition nicht richtig einschätzen und habe etwas Angst vor dem Aufstieg. So nütze ich die Tour als Test für meine bevorstehende Trekkingtour in Patagonien. Die Besteigung des Vulkans ist nur bei gutem Wetter möglich. Wir haben Glück, am Morgen strahlt die Sonne und wir können die Vulkanbesteigung in Angriff nehmen. Am Fuße des Vulkans gibt uns der Führer einige Anweisungen für den Aufstieg. Zum Schluss sagt er: „Ich kann euch noch nicht garantieren, dass wir bis zum Kraterrand hochgehen können, da die giftigen Gase, die aus dem Kraterschlund aufsteigen, im Augenblick vom Wind in unsere Richtung getrieben werden."

Wir sind gespannt. Um Zeit zu sparen, schweben wir die ersten vierhundert Höhenmeter mit einer Gondel hi-

nauf. Vor dort aus sind noch immer tausend Höhenmeter zu überwinden. Der Aufstieg ist nicht ganz einfach. Zuerst gehen wir auf Asche und dann auf gefrorenem Schnee.

Schon nach kurzer Zeit bin ich außer Atem und auch meine Beine fangen an zu schwächeln. Frust macht sich breit und ich frage mich, warum ich mir das antue. Die Antwort ist einfach: *Weil ich es will.* Mit der Zeit finde ich in einen eigenen Rhythmus und es geht besser. Ich bilde mit einem Führer, der eine junge Frau an der Hand hinter sich herzieht, den Schluss der Gruppe. Über die Pausen, die wir machen, bin ich sehr froh. Als ich mich etwas erholt habe, erkundige ich mich bei der Gruppe, die allesamt meine Kinder sein könnten: „Wie geht es euch?“ Eine 25-jährige Frau antwortet: „Ich bin auch erschöpft. Wir hätten etwas langsamer gehen sollen.“ Es tut mir zwar gut, dies zu hören, aber wirklich hilfreich ist es trotzdem nicht.

Am meisten hilft mir, in meinem eigenen Tempo zu gehen. Auf dem gefrorenen Schnee haben wir ein paar mühevolle Abschnitte zu bewältigen. Zur Mittagszeit erreichen wir den Kraterrand und werden mit einem wunderbaren Ausblick auf die weiteren Vulkane und Berge belohnt. Der Krater ist so riesig, dass es unmöglich ist, bis in den Schlund zu schauen.

Nach einer erholsamen Mittagspause beginnt der Abstieg. Wir ziehen unsere Spezialkleidung an und sobald wir das Schneefeld erreicht haben, beginnt die Rodelpartie. Auch das macht mir zunächst Angst, weil es ziemlich steil ist und ich die Geschwindigkeit nicht einschätzen kann. Vor allem will ich aus gutem Grund meinem Rücken nicht zu viel zumuten. Schon bald merke ich aber, wie ich die Geschwindigkeit beeinflussen kann und dann macht es mir großen Spaß. Einmal treibt es mich von der „Piste“, aber ich kann noch rechtzeitig vor einer Felswand halten. Der nachfolgenden Person geht es genauso. Sie rutscht auf mich und schiebt mich dadurch an den Felsen. Außer einem blauen Fleck am Oberschenkel passiert aber nichts. Nach etwa einer Stunde sind wir etwa neunhundert Höhenmeter „abgerutscht“. Zuletzt hüpfen wir federnden Schrittes das Aschefeld hinunter. Unten angekommen, bin ich trotz aller Schinderei glücklich, diese Tour gemacht zu haben.

DIE PATAGONISCHEN KANÄLE

Weiter geht es mit dem Bus nach *Puerto Montt.* Von dort fährt die Fähre *Navimag* durch die patagonischen Kanäle nach *Puerto Natales.* Die Fahrt dauert vier Tage. Das Schiff kann circa zweihundertfünfzig Passagiere aufnehmen. Wer wie ich den preisgünstigen Tarif bucht, bekommt ein Bett mit einem Vorhang davor. In jedem Gang können so vier Personen schlafen. Da man tagsüber sowieso auf dem Schiff unterwegs ist, ist das akzeptabel. Ich bekomme ein oberes Bett zugewiesen. Das stellt sich als Nachteil heraus. Es gibt keine Aufstiegshilfe und ich habe deshalb so manches Mal meine liebe Mühe, ins Bett zu kommen.

Am ersten Tag fahren wir zwischen dem Festland und der Insel *Chiloe* und ihren vielen kleinen Nachbarinseln hindurch. Die See ist ruhig. So kann ich entspannt auf Deck die Sonne genießen.

Die Passage am zweiten Tag ist die schwierigste. Zuerst muss das Schiff auf den Pazifik hinaus, in der Nacht wollen wir dann den *Golf der Leiden*, der seinen Namen zu Recht hat, passieren. Das Wetter spielt gut mit und wir haben im Pazifik nur vier bis fünf Meter hohe Wellen. Aber das reicht für die Größe dieses Schiffes. Um 16.00 Uhr kommt die Durchsage: „Achtung, Achtung, alle Passagiere, die Probleme mit der Seekrankheit haben, sollen jetzt eine Tablette nehmen, damit sie wirkt bis wir zum *Golf der Leiden* kommen.“ Da ich nicht weiß, wie es mir gehen wird, nehme ich vorsichtshalber eine Tablette gegen Reiseübelkeit. Beim Abendessen fehlt bereits die Hälfte der Passagiere; die anderen bekommen das Essen vom Personal an den Tisch gebracht, weil das Schiff bereits so heftig schaukelt. Die wenigen Menschen in der Bar verhalten sich ungewöhnlich ruhig. Man unterhält sich leise oder liest. Kaum einer trinkt *Pisco Sour* (das chilenische Nationalgetränk, das aus Traubenschnaps, Limettensaft, Zuckersirup, Eiweiß und Eis gemischt wird) oder sonst ein alkoholisches Getränk. Die Tablette macht mich schläfrig und ich gehe bald ins Bett.

Als ich am nächsten Morgen aufwache, habe ich das Gefühl, dass wir gut durch den Golf gekommen sind. Anscheinend habe ich tief geschlafen und nichts von der aufgewühlten See mitbekommen. Für viele andere muss es dagegen eine sehr unangenehme Nacht gewesen sein. Der dritte Tag ist ein Regentag. Das passt zum Streckenabschnitt der Passage. Wir fahren an einem aufgelaufenen Schiff vorbei, welches einem Geisterschiff gleicht. Es ist 1963 auf einen in vier Meter Tiefe liegenden Felsen aufgelaufen. Außerdem machen wir einen Abstecher zum Gletscher *Pio XI,* der zu den wenigen Gletschern gehört, die noch wachsen. Bei der Indianersiedlung *Puerto Eden* legen wir an und nehmen einige Bewohner mit. Für sie ist das Schiff die einzige Verbindung zur Außenwelt. Einmal in der Woche werden sie auf diese Weise mit Lebensmitteln beliefert. Am letzten Tag fahren wir bei Sonnenschein an den weltberühmten *Torres* vorbei und auch sonst fühle ich mich beim Anblick dieser Landschaft wie im Paradies. Während der ganzen Fahrt beobachten wir Tiere. Unter anderem sehen wir Delfine, Seelöwen, Magellan- und Humboldtpinguine, einen Wal, Schwarzbrauenalbatrosse und andere Vögel. Wie es beim Reisen oft der Fall ist, lerne ich in diesen Tagen auch weitere interessante Menschen kennen, zum Beispiel einen Maler aus Ostdeutschland, zwei Ornithologen und zwei Japanologen. Als ich dem Kapitän erzähle, dass ich bereits mit einem Containerschiff über den Atlantik gekommen bin, ist er so begeistert davon, dass er mich gleich zu seinem *Second Mate* ernennt.

DIE ZWEITE HERAUSFORDERUNG – 8100 HÖHENMETER

Ich komme gerade aus der Hoteldusche in Punta Arenas, als es an der Tür klopft. Ich wundere mich darüber und mache in ein Handtuch eingewickelt auf. „Hallo, bist du Edeltraud?“, fragt die Frau an der Tür. „Ja“, antworte ich, erstaunt, woher sie mich kennt. „Ich bin Laura“, stellt sie sich vor, „ich bin Schweizer Journalistin und werde über eure Trekkingtour im Nationalpark *Torres del Paine* einen Bericht für die Berner Zeitung schreiben. Ich bin schon einen Tag früher angereist und wollte dich fragen, ob du Lust hast, den Tag heute mit mir zu verbringen.“ „Warum nicht“, stimme ich zu, „wir können uns gerne nach dem Frühstück treffen.“ Gemeinsam erkunden wir die Stadt und verstehen uns auf Anhieb gut. Laura ist in meinem Alter und treibt ebenfalls Sport. Sie ist auch schon viel gereist und hat längere Zeit im Ausland gelebt. Auf der Trekkingtour wird sie für mich zu meiner treuesten Gefährtin. Mit ihr besteht unsere Gruppe aus elf Teilnehmern.

Auf der Fahrt zum *Torres del Paine*-Nationalpark fahren wir durch die *patagonische Steppe* mit ihren unzähligen Schafherden. Bei der Pinguinkolonie *Seno Otway* legen wir einen Stopp ein. Wir sind zu einer guten Zeit

Pinguine und ein Guanaco

da, weil die Jungen bereits geschlüpft sind und nun ihre ersten Schwimmversuche unternehmen, bevor sie ins Meer abziehen. Die Bewegungen der Tiere an Land sind *so* lustig, wir haben unsere helle Freude daran. Auf der Weiterfahrt halten wir immer wieder, um die Landschaft zu bestaunen oder um *Guanacos,* (eine südamerikanische Kamelart), Nandus (gehören zur Familie der Laufvögel und ähneln dem Afrikanischen Strauß), Adler und Kondore sehen.

Im *Torres del Paine*-Nationalpark haben wir die Umrundung des gesamten Painemassivs vor uns. Das sind hundertzwanzig Kilometer und unzählige Höhenmeter in acht Tagen. Christian, unser Führer, hat die Tour so eingeteilt, dass nach einem anstrengenden Tag immer wieder ein leichterer folgt. Die ersten drei Tage sind abwechslungsreich. Wir sehen bezaubernde Landschaften, weite Täler, Gletscherflüsse, Südbuchenwälder, Feuerbüsche, Berberitzenbüsche und vieles mehr. Allerdings sehen wir außer einem Fuchs und Magellangänsen keine Tiere. Die Menschen haben die Tiere bereits zurückgedrängt. Der vierte Tag ist unser *Challenge*-Tag, der es in sich hat. Ausgerechnet an diesem Tag haben

Nationalpark Torres des Paine

wir zum ersten Mal auch schlechtes Wetter. Wir durchqueren einen alten Südbuchenwald und ein Geröllfeld, bevor es siebenhundertfünfzig Höhenmeter hinauf zum *Gardenerpass* geht. Der Wind bläst uns bereits beim Aufstieg so kräftig um die Ohren, dass Laura von einer Bö erwischt stürzt. Wir müssen aufpassen! Am Pass selbst werden wir mit einer Windgeschwindigkeit von hundertzwanzig Stundenkilometern konfrontiert. Laura und ich sind die letzten, die ankommen. Christian wartet auf uns und gibt uns Anweisungen: „Edeltraud, gebückt gehen, *nicht* stehen bleiben und *nicht* zurückschauen." Vor uns sehe ich einen wunderschönen Regenbogen und frage etwas unsicher: „Kann ich jetzt nicht fotografieren?" Welch eine Frage bei dieser Windgeschwindigkeit! Doch der Regenbogen ist so wunderschön. Christian gibt mir keine Antwort und ich getraue mir nicht, die Kamera herauszuholen. Kurze Zeit später sehe ich Tino, einen anderen Teilnehmer, mit der Kamera an einem Felsen kauern. Ich mache es ihm einfach nach und bekomme doch noch mein tolles Foto! Später erzählt mir Tino, dass sich meine Hand beim Fotografieren ständig auf und ab bewegt hatte, was ich selbst gar nicht registriert hatte. Doch ich habe mein Bild.

Der Abstieg hat es dann auch in sich, weil er sehr steil ist. Trotz des schlechten Wetters können wir den *Grey-Gletscher* mit seinen unterschiedlichen Farbschattierungen bestaunen. Als wir in einer Schutzhütte eine Pause machen, beginnt es zu regnen. Doch wir haben noch fast vier Stunden Wanderzeit vor uns. Ich meine, dass es jetzt nur noch parallel zum Gletscher zu unserem Zeltplatz geht. Da soll ich mich aber gewaltig irren. Der Weg führt an einer Felswand ständig auf und ab. Dazu müssen wir reißende Gebirgsbäche überqueren und manchmal senkrecht an Leitern absteigen. Dieser zweite Abschnitt ist die größere Herausforderung des Tages. Als wir am Campingplatz ankommen, sind wir trotz Regenkleidung durchnässt, aber ungemein glücklich. Es war ein wirklich toller Tag und wir haben insgesamt stolze 1 500 Höhenmeter bewältigt! In den restlichen vier Tagen gehen wir das klassische *W*, das die meisten Wanderer im Nationalpark machen. Deshalb ist es mit der Ruhe jetzt vorbei. Wir sind wieder bei den Menschen angekommen. Auf einem der Campingplätze weckt mich Christine, eine weitere Teilnehmerin der Tour, mitten in der Nacht: „Edeltraud, wach auf, wir haben eine Maus im Zelt." Noch nicht richtig wach frage ich: „Was ist los?" „Wir haben eine Maus im Zelt", wiederholt sie eindringlich. Ich merke zwar, dass etwas an meinem Kopf vorbeigehuscht ist, aber bis ich wirklich zu mir komme, hat Christine die Maus bereits aus dem Zelt verbannt. Am Morgen erzählen uns auch die anderen, dass sie Mäuse im Zelt gehabt haben. Mit dem Aufstieg zur *Lagune der Torres* endet unsere Trekkingtour. Der Weg ist nochmals steil und anstrengend, aber oben angekommen haben wir eine super Sicht. Die 1 000 Meter hohen Granittürme, die senkrecht aus der Landschaft ragen, können wir bei strahlend blauem Himmel bestaunen. Der Abschluss unserer Tour hätte nicht schöner sein können.

Der *Glacier-Nationalpark* in Argentinien ist unser nächstes Ziel. Zuerst besuchen wir den *Perito Moreno*-Gletscher. Wir hoffen, den Gletscher kalben zu sehen, aber das Krachen ist mächtiger, als das Eis, das ins Wasser stürzt. Weiter geht es zu den nicht weniger berühmten

Gletscher Perito Moreno

Cerro Torre

Bergen *Cerro Torre* und *Fitz Roy*. Am ersten Tag spielt das Wetter erneut mit und wir können die *Torrespitzen* sehen. Anscheinend ist das eine Seltenheit. Dafür bleibt der *Fitz Roy* am anderen Tag hinter den Wolken versteckt.

Alles in allem haben wir bei dieser Trekkingtour in zehn Tagen 8100 Höhenmeter bewältigt – im übertragenen Sinne habe ich sozusagen meinen ersten Achttausender bestiegen. Dank meiner Fußbandagen und der täglichen Einnahme einer Schmerztablette hatte ich mit meinen Füßen kaum Probleme. Die größte Schwierigkeit bestand darin, die gekrümmten Zehen in einem geschlossenen Schuh gerade zu bekommen. Mit der Zeit habe ich aber auch gelernt, dieses Problem zu lösen.

DIE DRITTE HERAUSFORDERUNG – WIND UND WELLEN

Wieder einmal sitze ich im Bus. Dieses Mal von *Punta Arenas* nach *Ushuaia*. Da ich mir mein Ticket bereits vor der Trekkingtour gekauft habe, konnte ich mir den Platz aussuchen und wählte einen Einzelplatz direkt hinter der Fahrerkabine. Ich war der Meinung, den besten Platz zu haben. Allerdings stellt sich jetzt heraus, dass in diesem Bus der Abstand vom Sitz zur Fahrerkabine so eng ist, dass die Beinfreiheit wesentlich geringer ist als bei allen anderen Plätzen. Es sind ja nur dreizehn Stunden Busfahrt – warum also jammern?

In *Ushuaia* angekommen, bemühe ich mich um ein Last-Minute-Angebot in die Antarktis. Der Preis übersteigt eigentlich mein Reisebudget, aber es ist eine einmalige Gelegenheit, die ich nutzen möchte. Doch es tauchen unerwartete Schwierigkeiten auf: Zuerst fehlt eine zweite Frau in der Kabine, dann gibt es beim Geldtransfer Probleme. Als alles geklärt und mein Gepäck gepackt ist, bekomme ich am Morgen der Abfahrt einen Anruf, in dem mir die Agentin mitteilt, dass mein Ticket bereits weiterverkauft wurde. Ich fühle mich wie gelähmt und bin sprachlos. Ich kann es einfach nicht glauben. Der Versuch, noch einen Platz zu bekommen, scheitert. Aus und vorbei!!!

Doch ein russisches Sprichwort lautet: „Wenn Gott dir eine Tür zuschlägt, öffnet er dir ein Fenster.“ – Ich bekomme bei einer anderen Agentur ein Last-Minute-Angebot für eine *Kap Hoorn*-Umrundung. Natürlich nehme ich es an und zwei Tage später befinde ich mich mit zwei Franzosen und fünf Russen an Bord eines Segelschiffes. Der Skipper ist Deutscher und das Crewmitglied Brasilianer. So sind wir eine bunte Mischung und die Unterhaltung findet in fünf Sprachen statt. Einzelkabinen gibt es nicht. Ich teile mir mit dem Brasilianer Luis den Schlafraum. Dieses Mal bitte ich Luis, das obere Bett zu nehmen. Wir haben die schmalsten Betten an Bord und nur die Vorstellung, dass die Seeleute früher viel schlechtere Bedingungen hatten, hilft mir, die Situation gelassen hinzunehmen. Tagsüber halten wir uns sowieso die meiste Zeit an Deck auf.

An den ersten Tagen haben wir Flaute und tuckern per Motor durch die Inselwelt. Einmal begleitet uns eine Gruppe von Delfinen. Das war super! Auch die Albatrosse bei ihren Gleitflügen zu beobachten, ist faszinierend. Am dritten Tag geht es mir schlecht, wahrscheinlich bin ich seekrank. Doch ich befinde mich in bester Gesellschaft mit drei weiteren Mitseglern. Am Nachmittag lege ich mich erst einmal ins Bett und frage mich ein weiteres Mal, warum ich mir das antue. Die Antwort bleibt gleich: *Weil ich es will*. Nach drei Stunden geht es mir besser. Am vierten Tag umrunden wir *Kap Hoorn*. Für die Männer der große Moment, auf den sie seit ihrer Jugend hingelebt haben. Das kann ich von mir nicht behaupten. Für mich war es eine spontane Idee. Dieses Mal können wir die Segel setzen. Das Schiff bewegt sich ganz schön auf und ab – schwupp entleert sich mein Magen. Hoffentlich hatte sich meine Tablette schon aufgelöst. Als wir *Kap Hoorn* erreichen sind alle an Deck.

Auf Anweisung des Kapitäns müssen wir unsere Sicherheitswesten anziehen. Ohne Festhalten geht gar nichts. Wir umsegeln tatsächlich den weltberühmten Felsen, an dem schon viele Kapitäne gescheitert sind. Mit ungefähr achthundert Schiffswracks befindet sich hier der größte Schiffsfriedhof der Welt. Leider können wir nicht an Land gehen, da der Wind zu stark und deshalb die Gefahr zu groß ist. Am Abend stoßen wir dann auf die erfolgreiche Umrundung an. Der nächste Tag zieht noch stürmischer herauf und wir müssen erneut unsere Sicherheitswesten anlegen sowie uns mit unseren Karabinern sichern. Keiner darf auf das Deck. Alle sitzen wir ganz brav neben dem Steuermann auf

den beiden Bänken und lassen die Wellen über uns ergehen. Der Wind erreicht Spitzengeschwindigkeiten von hundert Stundenkilometern. Am Abend erreichen wir ruhigere Gewässer. Wir haben es geschafft! Am sechsten Tag erreichen wir *Puerto Williams*, mit fast 2 000 Einwohnern der südlichste Ort der Welt. Ein letztes Mal übernachte ich an Bord. In *Puerto Williams* gibt es eine Indianersiedlung. Dort lebt die 84-jährige Cristina Calderon, die letzte noch lebende Indianerin des Yamanastammes. Ich würde sie eigentlich gerne kennenlernen, getraue mich aber nicht, meinen Wunsch zu äußern. Sie lebt zurückgezogen, da in letzter Zeit viele Fernsehteams und Journalisten wegen ihr nach *Puerto Williams* gekommen sind. Stattdessen bin ich aber bei ihrer Enkelin Cristina und deren deutschem Mann Oliver zum Tee eingeladen. Dieser Nachmittag versöhnt mich mit der *Kap Hoorn*-Umrundung, denn sonst hätte ich Cristina nicht kennengelernt. Cristina versucht, das Erbe ihrer Großmutter zu erhalten und hat angefangen, die mündlich überlieferten Geschichten aufzuschreiben. Außerdem ist sie dabei, ein kleines Lexikon zu erstellen. Ich bedauere, dass ich schon am Abend wieder abreisen muss, weil es sicherlich nicht die letzte Begegnung gewesen wäre.

EINMAL RAUF UND RUNTER

Von *Puerto Williams* im äußersten Süden fliege ich nach *Arica* in den äußersten Norden Chiles. Ich überwinde ungefähr 4 300 Kilometer, was der Strecke von Nordnorwegen bis in die Sahara entspricht. Wenn ich später wieder in Santiago bin, habe ich ganz Chile einmal in der Luft und einmal mit Bus und Schiff bereist.

In *Puerto Williams* habe ich nicht das Gefühl, auf einem Flughafen zu sein, sondern eher auf Klassenfahrt. Ein Mitarbeiter hakt auf seiner Liste die Passagiere ab. Das Gepäck wird direkt vom Pick-up ins Flugzeug verladen. Sicherheitskontrollen gibt es nicht. Im Flugzeug sucht sich jeder einen Platz und schon geht es los – ohne jegliche Einweisung. So einfach kann es sein. Der zwanzig Personen fassende Flieger bringt uns aber nur auf das Festland nach *Punta Arenas*. Von dort geht alles normal weiter.

HOCH OBEN IN DEN ANDEN

Von *Arica* aus starte ich zusammen mit einem chilenischen und einem australischen Paar eine viertägige *Altiplano*-Rundfahrt. Dieses Mal bin ich als Alleinreisende im Vorteil. Ich darf bei unserem Fahrer Horiols vorne sitzen. Am ersten Tag schlängeln wir uns von Meereshöhe auf 3500 Meter hinauf nach *Putre*. Da ich mir vom *Kap Hoorn* eine ordentliche Erkältung mitgebracht habe, habe ich wegen der Höhe etwas Bedenken, aber außer den üblichen Höhenkopfschmerzen geht es mir gut. Entlang der Straße sehen wir viele Kreuze. Manche Familien haben sogar richtige Gedenkstätten errichtet. Horiols erzählt uns, dass die meisten Unfälle passieren, weil die Fahrer eingeschlafen sind. Er fährt sehr vorsichtig und so hoffe ich, dass uns nichts passiert. Ich möchte nicht wissen, wie lange es dauern würde, bis uns jemand finden würde – ganz zu schweigen von einem Krankenwagen. Um wach zu bleiben, kaut Horiols ständig Kokablätter. Ich probiere sie auch, aber sie schmecken mir nicht. Während einer Pause bekomme ich zu meiner Überraschung statt meiner bestellten Coca Cola

Altiplano

einen *Kokatee*. Das zeigt, dass man hier mit Koka und nicht mit Cola lebt. Wir fahren an achthundert Jahre alten *Geoglyphen* (Erdzeichnungen, die an Berghängen durch Auflegen von dunklen Steinen auf hellere Schichten entstanden sind) vorbei, die eine Karawane darstellen. Vor fünfundzwanzig Jahren wurden sie restauriert. Wieder einmal ist es beeindruckend, was Menschen früher alles geschaffen haben. Auf einer Höhe von 2000 und 2800 Metern sehen wir den *Kandelaberkaktus*, der schätzungsweise drei bis vier Meter hoch ist. An einer Stelle unterliegen wir einer optischen Täuschung. Obwohl alles darauf hinweist, dass die Straße bergab geht, geht sie in Wirklichkeit doch bergauf. In einem Seitental halten wir im Dorf *Socoroma.* Das Dorf ist größer, als es im ersten Augenblick scheint, aber es ist nahezu ausgestorben. Viele Menschen sind abgewandert. Vor allem die Jugend hat hier keine Zukunftschancen. Da wir in der *santa semana*, der heiligen Woche unterwegs sind, können wir am Ausgang des Ortes einer Prozession beiwohnen. Nach meinem Gefühl mischt das Andenvolk bei diesem Fest ihre alte Naturreligion mit katholischen Ritualen. Es wird viel *Pisco* (Traubenschnaps) getrunken und bei jedem Glas bekommt auch *Pachamama*, die Muttergöttin der Erde, etwas vom *Pisco* ab.

Von *Putre* aus geht es am nächsten Tag nochmals 1000 Höhenmeter hinauf in den *Lauca*-Nationalpark. Auf der Fahrt können wir viele Lama- und Alpakaherden mit ihren Jungtieren sehen. Noch faszinierender sind die scheuen wildlebenden *Vikunjas*, eine weitere

südamerikanische Kamelart, deren Wolle die teuerste der Welt ist.

Wir fahren an einer Galerie von imposanten Sechstausendern vorbei. Der Vulkan *Parinacota* mit seinen 6342 Metern ragt dabei besonders heraus. Auf der Rückfahrt baden wir auf 4000 Metern in einer Naturtherme.

Am nächsten Morgen geht es vier Personen aus unserer Gruppe schlecht. Wir haben entweder Magen- oder Darmprobleme. Ich gehöre zur Darmfraktion. Da Karfreitag ist, passt der Fastentag aber ganz gut. Ein weiterer Höhepunkt der Rundfahrt ist an diesem Tag der Salzsee *Salar de Surire*. Eine Landschaft, die ich nicht zu beschreiben wage, weil sie so wunderschön ist. Dort sehen wir zum ersten Mal auch Flamingos. Wir passieren den Vulkan *Isluga* und fahren zum Grenzort *Colchane*. Als wir ankommen, gibt es leider keinen Strom und wir sind alle nervös, weil unsere Akkus leer sind. Später erfahren wir, dass die Bevölkerung täglich nur für drei Stunden mit Strom versorgt wird. So können wir doch noch unsere Akkus aufladen. Horiols bringt uns eine weitere gute Botschaft: Am Ostersamstag findet auf der bolivianischen Seite ein Markt statt, den wir besuchen werden. Die Grenze passieren wir ohne irgendwelche Passkontrolle. Außer uns gibt es auf dem Markt keine Fremden. So bestaunen wir uns gegenseitig.

Entlang der Pisten stehen immer wieder mal Schilder mit Geschwindigkeitsbegrenzungen von dreißig bzw. fünfzig Stundenkilometern. Darüber muss ich schmunzeln, da wir sowieso nicht schneller fahren können, ohne das Auto zu beschädigen. Wir passieren einsame Siedlungen, in denen oft nur noch ein bis zwei Familien wohnen. Als praktisch denkender Mensch interessiert es mich, wo die Menschen einkaufen. So frage ich unseren Fahrer: „Wie lange dauert die Fahrt bis zur nächsten Einkaufsmöglichkeit?“ Horiols meint: „Nach Putre sind es vielleicht eineinhalb Stunden, nach Arica weitere drei Stunden.“ „Hoffentlich vergessen sie nichts bzw. bekommen alles, was sie brauchen“, antworte ich darauf. Doch die Menschen haben hier sowieso einen anderen Umgang mit der Zeit. Deshalb werden ihnen meine Gedanken fremd sein.

RTENCIA

In einem kleinen Wüstenort machen wir eine Mittagspause und wie in fast jedem Restaurant läuft auch hier der Fernseher. Natürlich geht mein Blick dorthin und ich traue meinen Augen nicht, als ich Oliver Kahn auf dem Bildschirm sehe. Es wird das Bundesligaspiel Bayern München gegen Leverkusen übertragen – zudem erfahre ich an einem der einsamsten Orte der Welt, dass der VfB Stuttgart auf dem sechsten Tabellenplatz steht. Auch die Nachrichten von den Unruhen in Tibet erreichen mich hier im Niemandsland. Sie betreffen mich allerdings persönlich, da meine Tibetreise damit in Gefahr ist. Viel schlimmer ist aber, dass dieses Volk seit über fünfzig Jahren unterdrückt wird und weder ihre Kultur noch Religion angemessen praktizieren kann. Ein Drama, das sich in der Neuzeit auf dem Dach der Welt abspielt – und das sich vor fünfhundert Jahren hier in Südamerika abgespielt hat. Die Geschichte der Indios ist einfach nur schrecklich. Selbst Salvador Allende hatte vor fünfunddreißig Jahren, obwohl vom Volk gewählt, keine Chance, seine Politik gegen die Mächtigen in Chile und den USA durchzusetzen. Was veranlasst Menschen, andere zu unterdrücken und ihnen ein anderes Leben aufzuzwingen? Wann begreifen wir, dass dieser Weg nur Verlierer kennt?

ATACAMA –
DIE TROCKENSTE WÜSTE DER WELT

Mit den Australiern Wendy und Geoff reise ich weiter nach *San Pedro de Atacama.* Die *Atacamawüste* erstreckt sich in Chile über eine Länge von 1 300 Kilometern und setzt sich in Peru noch weitere 1 100 Kilometer fort. Wir fahren auf unserer ungefähr 300 Kilometer langen Etappe von West nach Ost durch Gegenden, wo es wirklich gar nichts gibt. Es ist genau so, wie ich mir als Kind die Wüste vorgestellt habe. Auf einem Teilabschnitt geht es siebzig Kilometer nur geradeaus. Wie wohltuend ist es da, nach langer Fahrt das grüne Oasendorf *San Pedro* mit seinen 2 000 Einwohnern vor sich zu sehen. San Pedro ist inzwischen ein beliebter Ort für Wüstensüchtige und Aussteiger geworden. In den Abendstunden besuchen wir das *Valle da Luna* – das *Mondtal.* Neben faszinierenden

Dünen können wir dort bizarre Sand- und Felsformationen bestaunen, die in der Abendsonne rot glühen. Anders, aber genauso schön ist der Salzsee *Salar de Atacama*. Durch die Verdunstung sind scharfkantige Salzkrusten und -formen entstanden. An den Wasserstellen lassen sich vor allem im Winter die Flamingos nieder, jetzt im Herbst sehen wir leider nur wenige. Auf holprigen Straßen fahren wir nochmals auf die Höhe, um wieder in eine faszinierende Landschaft von Lagunen mit Salzkrusten und Bergketten als Kulisse einzutauchen. Zum Abschluss besuchen wir noch den *Tatio-Geysir.* Dazu müssen wir um 5.00 Uhr starten, damit wir rechtzeitig in der Morgendämmerung auf 4 300 Metern Höhe ankommen. Trotz Eiseskälte ist die Szenerie um diese Tageszeit am beeindruckendsten. Überall steigen Dampffontänen auf, hin und wieder sprudelt eine Wassersäule nach oben. Wer will, kann sogar baden. Mir ist die Außentemperatur zu kalt und ich entscheide mich fürs Spazierengehen und Fotografieren. Für die Fahrt nach *Santiago* braucht der Bus dann vierundzwanzig Stunden. Jetzt reicht es mir mit der Busfahrerei!

DIE STADT DER HÜGEL

Die letzten Tage verbringe ich in *Valparaiso*, einer bezaubernden Hafenstadt vor den Toren Santiagos. Hierher kommen jährlich mehr Besucher als in die Hauptstadt selbst. Irgendwann in den nächsten Tagen soll mein Schiff nach Hongkong abfahren. Ich sitze das letzte Mal im Bus. Die Fahrt von Santiago dauert aber nur zwei Stunden. In *Valparaiso* angekommen, nehme ich den Stadtbus zu meiner Unterkunft. Irgendwann fragt mich der Fahrer: „Wo willst du denn aussteigen?“ „Ich weiß es nicht“, antworte ich zögernd und zeige ihm die Visitenkarte des Hotels. Er ist sich auch unsicher und stoppt den Bus. „Warte einen Moment, ich komme gleich wieder.“, meint er, nimmt eine Münze aus seiner Kasse und geht telefonieren. Als er zurückkommt, sagt er: „Jetzt weiß ich, wo deine Unterkunft ist. Du musst noch zehn Minuten mit mir mitfahren. An der Kreuzung, an der ich dich aussteigen lasse, wirst du dann von der Besitzerin abgeholt.“ *Es ist einfach unglaublich!*

Am nächsten Tag bekomme ich eine Stadtführung der besonderen Art. Die Argentinier haben abgesagt, und

so bekomme ich eine Stadtführung ganz für mich allein. Michael, ein Deutscher, der seit Jahren hier lebt, zeigt mir in acht Stunden *sein* Valparaiso. Er kennt nicht nur die historischen Gebäude, sondern auch die Menschen, die hier leben: Bettler, Künstler, Dienstmädchen ... Bei einem Zauberkünstler, dem wir einen Besuch abstatten, werden wir spontan zum Mittagessen eingeladen. Dies sind die unverhofften Erlebnisse, die ich beim Reisen am meisten liebe.

Acht Wochen Chile gehen dem Ende entgegen. Ich bin etwas reisemüde und freue mich auf *mein* Schiff. Dort können sich meine ganzen Erlebnisse setzen und ich habe Zeit zum Entspannen. Was nehme ich mit? Landschaften von unglaublicher Schönheit, wie ich sie mir im Traum nicht hätte vorstellen können. Doch trotz dieser Naturwunder hier gehört mein Herz Brasilien. Natürlich haben mich manche Begegnungen in Chile tief berührt und oft habe ich unerwartete Hilfe bekommen, worüber ich sehr dankbar bin. Außerdem nehme ich drei Einladungen mit: in die Schweiz, nach Australien und für Weihnachten 2009 auf ein Segelschiff vor Neuseeland. Mal sehen, was daraus wird. Aber nun wartet das Schiff.

„Du hast noch unentdeckte Kontinente in dir!
Mach dich auf die Fahrt!"

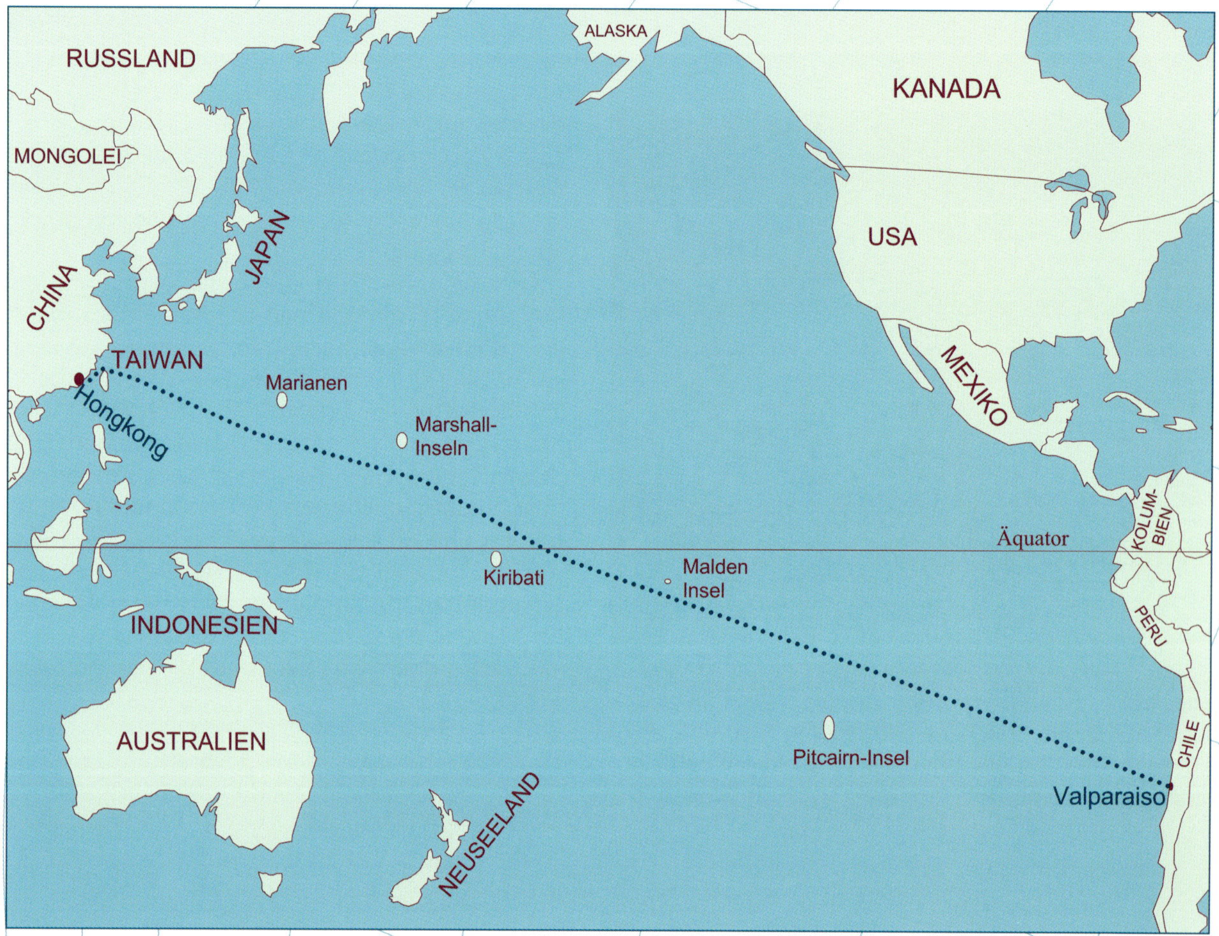
RUSSLAND
ALASKA
KANADA
MONGOLEI
JAPAN
USA
CHINA
TAIWAN
Marianen
MEXIKO
Hongkong
Marshall-
Inseln
KOLUM-
BIEN
Äquator
Kiribati
Malden
Insel
INDONESIEN
PERU
AUSTRALIEN
Pitcairn-Insel
CHILE
Valparaiso
NEUSEELAND

KAPITEL 6

Ein Ozean für uns allein

IN 26 TAGEN ÜBER DEN PAZIFIK

DIE USA ENTSCHEIDEN MIT

„Sie haben keine *Neckermannreise* gebucht!" Diesen Satz von Herrn Pfeiffer werde ich wohl nie vergessen. Ihm gehört das Reisebüro, bei dem ich meine Frachtschiffreisen gebucht habe. Eine Woche vor meiner Abreise aus Brasilien bekam ich von ihm eine Mail mit der Frage, ob ich in Chile ein Visum für die USA besorgen könne, da das Schiff dort einen zusätzlichen Stopp eingeplant habe.

Warum nicht?, denke ich und mache mich gleich an die Arbeit. Per Mail und Telefon versuche ich, mit der amerikanischen Botschaft Kontakt aufzunehmen. Verzweifelt höre ich irgendwelchen Apparaten zu und sage immer ganz brav die Nummer, die mich zur nächsten Telefonschleife weiterleitet. Doch alle Versuche, mit einer „echten" Person zu sprechen, scheitern. In meiner Not wende ich mich an die deutsche Botschaft. Sie macht mir wenig Hoffnung, rechtzeitig ein Visum zu bekommen. Aber ohne Visum müsste ich eine Strafe von 6000 Dollar bezahlen. Also beschließen wir, ein neues Schiff zu suchen.

Stimmt, ich habe keine Neckermannreise gebucht und darum muss ich ein gewisses Maß an Flexibilität mitbringen. Es war gar nicht so einfach, ein Schiff ohne USA-Stopp zu finden, aber letztlich war Herr Pfeiffer erfolgreich. Der Abfahrtstermin verschob sich dadurch um drei Wochen nach hinten auf den 4. April 2008. Ich nehme es gelassen, ändere meine Pläne und freue mich über neue Möglichkeiten.

Tatsächlich legen wir dann am 2. April 2008 ab, aber auch damit kann ich leben. Das Schiff nimmt die direkte Route von Valparaiso nach Hongkong – mit nur einem Stopp in Taiwan. Zunächst bin ich etwas traurig darüber, dass mir dadurch drei Häfen entgehen, doch die Crew versichert mir mehrfach, dass es im Frühling im Nordpazifik viele Stürme gebe und zudem kalt sei. So muss ich im Prinzip den USA sogar dankbar sein, dass ich jetzt bei warmem Wetter und sturmfreier See über den Pazifik schippern kann. Das Schicksal meint es gut mit mir!

EIN DECK FÜR MICH ALLEIN

Am Abend vor der Abfahrt merke ich, wie sehr mir mein erstes Schiff, die *MS Maruba*, ans Herz gewachsen ist. Am liebsten würde ich wieder auf dieses Schiff gehen, aber das geht natürlich nicht. So muss ich mich auf das neue Schiff einlassen. Hermann Hesse beschreibt es in seinem Gedicht *Stufen* sehr schön: „Es muss das Herz bei jedem Lebensrufe bereit zum Abschied sein und Neubeginn, um sich in Tapferkeit und ohne Trauern in andere neue Bindungen zu geben." Es bleibt mir genau genommen nichts anderes übrig. Auch auf diesem Schiff werde ich vom Kapitän ganz herzlich empfangen und die Crew macht es mir leicht, mich hier einzuleben.

Die *CCNI Rimac* hat die gleiche Größe wie die *MS Maruba*, nur die Aufteilung ist etwas anders und ich muss mich ein wenig umgewöhnen. Erstaunt bin ich, als ich erfahre, dass auf dem fünften Deck außer mir niemand wohnt. Ein Deck für mich allein, ich kann es nicht glauben! Neben meiner Zwei-Zimmer-Kammer gibt es hier oben noch eine Waschküche, einen sogenannten „Fitnessraum" mit einem Fahrrad und ein Zimmer für den Lotsen, das aber nicht benutzt wird. Auf dem Deck darunter wohnen der *Kapitän*, der *Chief Mate* (1. Offizier) und der *Chief Engineer*. Außerdem befinden sich auf dieser Ebene noch der Swimmingpool und der Aufenthaltsraum. Eigentlich muss ich nur zum Essen runter, doch es zieht mich natürlich raus nach vorne auf die Back. Ich will die See sehen, riechen, schmecken, spüren und atmen. Aber wo ist meine Bank, auf die ich mich setzen und auf die See blicken kann? Die gibt es hier leider nicht! Was nun? Ich entdecke einen knapp einen Meter hohen Eisenkasten, auf dessen Deckel „Keep close at sea" steht. Darunter befinden sich im Bauch des Schiffes die bis zu zweihundertzwanzig Meter langen Taue, die in den Häfen benötigt werden. Das passt doch, denke ich und frage den Kapitän: „Ist es möglich, einen Liegestuhl auf den Eisenkasten zu stellen, damit ich auf die See schauen kann?" Der Kapitän meint: „Normalerweise lassen wir zwar den Eisenkasten offen, damit die Taue trocknen können, aber warum nicht. Ich werde den Jungs Bescheid geben, dass sie es mal ausprobieren sollen." Ich sage ihm: „Für mich wäre das der absolut

beste Platz – ein Logenplatz auf See.“ Mein Wunsch wird mir tatsächlich erfüllt. Damit nichts passieren kann, wird der Stuhl mit Bändern gesichert. So habe ich alles, was ich brauche und bin glücklich.

ALLTAG EINER PASSAGIERIN

Als ich die *CCNI Rimac* besteige, komme ich mir bereits wie ein alter Hase vor. Der ganz eigene Schiffsgeruch ist mir vertraut, die Arbeit der Crew kenne ich schon und natürlich ist mir auch der Tagesablauf bekannt. Das Löschen und Laden in den Häfen habe ich oft genug gesehen. Es löst in mir nicht mehr die gleiche Faszination aus wie beim ersten Mal in Antwerpen. Dazu kommt, dass das Beobachten dieser Arbeiten in den kleinen Häfen viel langweiliger ist als in den großen europäischen Häfen. Trotzdem laufen die Kapitäne gerne diese kleinen Häfen an, weil sie ein ganz anderes Flair haben. Da muss ich ihnen zustimmen.

Im Gegensatz zu meiner ersten Reise bin ich hier die einzige Passagierin. Ich bin gespannt, wie es mir damit gehen wird. Die zweite Herausforderung ist die lange Überfahrt nach Asien. Wir werden erst nach vierundzwanzig Tagen den Hafen in *Keelung* anlaufen. Das bedeutet eine lange Zeit auf See. Darum bin ich sehr froh, auf meine Erfahrungen bei der Atlantiküberquerung zurückgreifen zu können. Die Reise wäre ansonsten um einiges schwieriger geworden, weil alles neu gewesen wäre und die lange Zeit nur auf See prinzipiell eine große Herausforderung ist. Meine Erfahrungen über den Atlantik gaben mir Sicherheit im Umgang mit den Menschen, dem Tagesablauf und dem Wissen, dass ich es auf einem Schiff aushalten kann. Von meiner Chilereise noch erschöpft, ziehe ich mich in den ersten Tagen zurück und bleibe viel auf meiner Kammer. Das tut mir richtig gut! Als ich wieder bei Kräften bin, *bastle* ich mir meinen eigenen Tagesablauf zusammen. Von meiner letzten Tour weiß ich, wie wichtig es ist, einen Tagesrhythmus zu haben. Zeit über sich, das Leben sowie über Gott und die Welt nachzudenken, gibt es genug. Den Morgen beginne ich meistens mit Lesen, danach steige ich auf das Fahrrad im Fitnessraum und anschließend in den Pool. Es ist mehr ein Baden als Schwimmen, aber die Abkühlung bei einer Wassertemperatur von 26-28 Grad tut gut. Um 10.00 Uhr gehe ich zur Teepause in die Messe. Bis zum Mittagessen setze ich mich dann in meinen Liegestuhl auf der Back. Manchmal lese ich, manchmal höre ich Musik oder beobachte nur die See. Es ist eine gute Zeit. Nach dem Mittagessen ist erst einmal Ruhezeit angesagt, die ich mit Lesen und Schlafen verbringe. Danach besuche ich ab und zu den philippinischen Offizier, der auf der Brücke Wache hat. Vicente fährt schon dreißig Jahre zur See und ist vor kurzem zum zweiten Offizier aufgestiegen. Allerdings liegt das Niveau seiner Ausbildung weit unter dem einer deutschen Ausbildung zur See. Zu Hause handelt Vicente mit Immobilien, Autos und anderem. Außerdem ist er noch staatlich geprüfter Hahnenkampfschiedsrichter. Meine zweite Fahrradrunde absolviere ich in der Regel nach der Teepause um 15.00 Uhr. Dann zieht es mich bis zum Abendessen wieder auf die Back. Nach dem Abendessen mache ich einen letzten Spaziergang über Deck und genieße die unterschiedlichsten Sonnenunter- und Mondaufgänge. Am Abend sitzen der Kapitän, der erste Ingenieur und ich meistens bei einem Video zusammen. Dieses Tagesprogramm ist natürlich kein unverrückbarer Ablauf, weil jeder Tag anders ist, doch

eine Struktur hilft. Ab und zu kann ich mich auch an den Computer setzen und schreiben. Das tut mir ebenso gut, wie nach langer Zeit einmal wieder eine deutsche Zeitung in den Händen zu halten, wenn sie auch nur *schiffsaktuell*, d.h. zwei bis drei Monate alt ist. In der letzten Woche bekomme ich sogar *Fahrunterricht*. Ich darf täglich eine halbe Stunde lang das Schiff steuern. Es ist gar nicht so einfach, ein Schiff von 37000 Tonnen in der Spur zu halten. Am ersten Tag ziehe ich eine schlängelnde Spur hinter mir her, aber mit jeder Einheit wird es besser. Vor Hongkong darf ich sogar ein Wendemanöver fahren. Das Steuern des Schiffes ist natürlich *das* Highlight auf dieser Reise.

EIN SCHIFF UND SEINE GANZ ALLTÄGLICHEN PROBLEME

In Valparaiso wird das Schiff richtig voll beladen. Die Hafenarbeiter sind den ganzen Tag beschäftigt, so dass wir erst um 23.00 Uhr auslaufen. Der Aufbau der Container ist jetzt so hoch, dass mir sogar die Aussicht nach vorne verbaut ist, aber ich habe ja noch die Seitenfenster. Die Ladung wird in Standardcontainern gerechnet, wenn auch viele Container doppelt so groß sind. So haben wir 2 067 Standardcontainer an Bord, davon circa zweihundert *Reefer* (Kühlcontainer). Diese wurden leider nicht angemeldet und nun hat der *Chief Mate* ein Problem. Für die Kühlung der Container werden täglich zwei Tonnen Schweröl verbraucht, welches beim Auftanken nicht mit eingerechnet wurde. Das ist ein Grund, warum wir jetzt im Sparmodus über den Ozean fahren. Der andere Grund ist, dass die Preise für Schweröl in den letzten Jahren stark gestiegen sind. Eine Tonne Schweröl kostet inzwischen ungefähr fünfhundert Dollar; bei einem täglichen Verbrauch von etwa vierundsiebzig Tonnen kommt da eine beträchtliche Summe zusammen.

Auf See ereilt den *Chief Mate* dann der nächste Schreck: fünf *Reefer* arbeiten nicht richtig. Den nächsten Hafen erreichen wir aber erst in vierundzwanzig Tagen. Wenn der Elektriker die Störung nicht einigermaßen in den Griff bekommt, ist der Inhalt bis Taiwan verdorben. Achtzig Prozent der Kühlcontainer enthalten Trauben, das sind sage und schreibe 4 000 Tonnen; eine für mich unvorstellbar große Menge. Auf einem meiner Spaziergänge an Deck habe ich das Gefühl, dass es irgendwie stinkt und ich überlege, ob das mit den defekten *Reefern* zu tun hat. Der *Chief Mate* beruhigt mich und meint, dass der Geruch vom Fischmehl komme. Er erzählt mir, dass Fischmehl zum Gefahrgut gerechnet wird, da es viel Öl enthält und sich bei Hitze entzünden kann. Allerdings frage ich mich, warum wir Fischmehl von einer Küste zur anderen transportieren. Als Antwort fällt mir nur ein, dass die Chinesen vielleicht schlicht mehr davon brauchen.

Ein weiteres Problem von Hochseeschiffen ist der Rost. Rost, Rost und nochmals Rost. Ein Schiff ohne Rostprobleme gibt es überhaupt nicht. Das Salz frisst sich in jeden Winkel, den es erreichen kann. Wenn man da nicht hinterher ist, ist das Schiff in kürzester Zeit eine Rostbeule. Sobald das Schiff auf See ist, beginnt die Deckmannschaft die Roststellen zu bearbeiten. Eine Arbeit, die nie aufhört.

Während der Schiffsbegehung macht der *Chief Mate* mit mir auch die Sicherheitseinweisung. Er zeigt mir die *Musterstation*, das ist der Treffpunkt für den Notfall, die dortigen Rettungsinseln und natürlich das Freifallboot. Dieses Rettungsboot ist im 40-Grad-Winkel auf dem zweiten Deck befestigt. Wir steigen ein. Ich komme mir wie beim Start einer Rakete vor, so steil liege ich im Boot. Leider ist der Aufprall im Wasser auch nicht ungefährlich. Bei Übungen in der Werft stehen immer Krankenwagen bereit. Diese Übung müsste eigentlich jedes Jahr zweimal durchgeführt werden, aber das ist nicht möglich. In den Häfen erhält man in der Regel keine Erlaubnis dafür und auf See bekommt man das Boot nicht mehr zurück an Bord. Obwohl das eigentlich jeder weiß, gibt es trotzdem diese Vorschrift. Sollte ich zu spät zum Boot kommen, kann ich noch einen Überlebensanzug anziehen. Die Anzüge sind so entwickelt, dass man auch bei kalter See überleben kann – sofern einen die Haie in Ruhe lassen. Bei „Mann über Bord“ braucht das Schiff circa fünfzehn Minuten, um zum Unfallort zurückzukehren (wenn der Unfall sofort gemeldet wird!). Wo sich die Person dann in der Zwischenzeit befindet, ist allerdings eine andere Frage. Mit einem Holzstück, testen wir, wie lange wir es sehen können. Durch die Wellen ist es in kürzester Zeit aus dem Blickfeld verschwunden.

Die Feuerwehrausrüstung muss sich eigentlich immer an Deck befinden. Der *Chief Mate* lässt sie aber in den Häfen einschließen, weil sie sonst gestohlen wird. Die Hafenarbeiter, vor allem in Südamerika, können scheinbar alles gebrauchen, was sich zu Geld machen lässt. Auch das ist überall bekannt und trotzdem muss die Ausrüstung eigentlich auf Deck bleiben, sonst müssen Strafen gezahlt werden. Die Folge ist, dass immer etwas fehlt und natürlich ersetzt werden muss.

Und was passiert mit dem Müll? Es gibt Schiffe mit und Schiffe ohne eigene Müllverbrennungsanlage. Während der rot-grünen Koalition gab es einen Beschluss, dass in deutsche Schiffe keine Müllverbrennungsanlagen mehr eingebaut werden dürfen. Der Bau der *CCNI Rimac* fiel genau in diese Legislaturperiode, deshalb gibt es hier keine solche Anlage. Der Abfall, der sich im Meer zersetzt (wie zum Beispiel Lebensmittelreste, Glas, Aluminium, Holz und Pappe) wird – außer in Sondergebieten wie der Karibik, der Antarktis, der Nord- und Ostsee – einfach ins Wasser geworfen. Der Restmüll wird gesammelt und darf nach einem internationalen Beschluss in den Häfen abgegeben werden. Das ist wiederum ein Finanzierungsproblem, denn nicht jeder Hafen nimmt den Müll kostenlos entgegen. So ist die *Rimac* auf unserer Route randvoll mit Müll, da sie bei zehn angelaufenen Häfen nur einmal kostenfrei Müll abgeben kann. Das macht deutlich, dass der Beschluss bezüglich Müllverbrennung auf See leider nicht so umgesetzt werden kann, wie er gedacht war.

Aber es treten nicht nur technische und logistische Probleme auf, sondern auch rein menschliche. In der Regel sind die Seeleute vier bis acht Monate an Bord. Eine lange Zeit, die für jeden eine hohe Belastung darstellt. Die Sowjetunion hatte als einziges Land einmal eine Studie in Auftrag gegeben und kam zu dem Ergebnis, dass die maximale Zeit an Bord aus gesundheitlichen Gründen nicht länger als drei Monate betragen sollte. Das wird aber nirgends eingehalten. Die Seefahrt leidet erheblich an Personalmangel und braucht dringend jeden, der fahren kann. Dazu kommt, dass sich in den letzten Jahren die Arbeitsbedingungen wesentlich verschlechtert haben. Die Liegezeiten werden immer kürzer, meist liegen die Schiffe nur noch einen Tag im Hafen. Für die Crew ist das mit einer höheren Arbeitsbelastung verbunden. Zudem wurde auch das Personal reduziert. Selbst Lehrlinge zählen inzwischen als volle Arbeitskraft. Pro Lehrling kommt ein Matrose weniger an Bord. Früher gab es einen Ausbilder an Bord, der für die Lehrlinge zuständig war, heute müssen sie im Arbeitsalltag mitlaufen. Wen wundert's, dass dadurch die Qualität der Ausbildung leidet? Die Computer sollten eine Erleichterung bringen, leider hat aber die Schreibarbeit enorm zugenommen, denn jedes Amt und jedes Büro an Land braucht seine Daseinsberechtigung.

Ein nicht so großes, dafür aber ganz menschliches Problem ist das persönliche Körpergewicht. Wie kann man auf einem Schiff sein Gewicht halten? Das Essen schmeckt hervorragend, aber die Bewegungsmöglichkeiten sind sehr eingeschränkt. Der Kapitän und der Chefingenieur verzichten auf das Abendessen und strampeln auf dem Fahrrad Kalorien ab. Ein anderes Crewmitglied joggt ein paar Runden auf Deck. Die Filipinos lösen es auf ihre Weise: Sie gehen immer mit ein paar Kilo mehr von Bord und kommen leichter zurück. Ich persönlich verzichte auf das Frühstück, drehe dann mehrmals am Tag eine Runde auf Deck (inklusive aller Treppen!) und setze mich ein- bis zweimal am Tag auf das Fahrrad. Die Rechnung scheint aufzugehen.

Problematischer wird es, wenn jemand krank wird. Auf Containerschiffen gibt es im Gegensatz zu Kreuzfahrt- und Marineschiffen keinen Arzt an Bord. Der zweite Offizier ist mit seiner einfachen Sanitäterausbildung wohl für die Kranken zuständig, aber bei einer ernsthaften Erkrankung wird es schwierig. Laut Auskunft des Kapitäns sind Zahnschmerzen besonders schlimm. Wenn man an Bord nicht mehr weiter weiß, gibt es den *Medical Help*, der beratend zur Seite steht. Für die deutschen Schiffe ist das Krankenhaus in Cuxhaven zuständig; im schlimmsten Fall muss nach einer Lösung gesucht werden, wie die Person von Bord kommt.

Im Augenblick sind die beiden ersten Offiziere mit grippalen Infekten angeschlagen und ein Matrose hat einen Ausschlag. Leider bin ich auch nicht ganz fit, sondern habe gesundheitliche Probleme mit dem Rücken. Bereits in Valparaiso fing es an. Dort hatte ich aber immer nur in den frühen Morgenstunden im Bett Probleme und so vermutete ich, dass es an der Matratze lag. Doch die Schmerzen tauchen auch hier wieder auf. In der fünften Nacht durchfährt mich beim Naseputzen ein blitzartiger Schmerz – und ich kann mich kaum noch bewegen. Die Nacht wird zur Hölle. Ich weiß nicht, wie ich mich drehen soll. Was nun? Bis zum nächsten Hafen sind es noch neunzehn lange Tage. Als am nächsten Tag der Schmerz abnimmt, bin ich sehr froh. Vier Tage später passiert das gleiche noch einmal. Beim Drehen im Bett schießt wieder ein starker Schmerz durch meinen Rücken. Ich kann nicht mehr liegen und stehe auf. Ich lege mich bäuchlings auf die Eckbank und hoffe auf Entlastung, aber keine Erleichterung tritt ein. Die Nacht wird erneut zur Qual. Inzwischen bin ich mir nicht einmal mehr sicher, ob der Schmerz von der Wirbelsäule kommt oder eine andere Ursache hat. Der Kapitän versucht mich auszuheben, aber es tut sich nichts. (Ausheben bedeutet: dass ich die Arme vor der Brust überkreuze, der Kapitän hinter mir steht, meine Arme umfasst und mich ruckartig anhebt, so dass sich eine Wirbelblockade eventuell lösen kann.) Ich nehme Schmerztabletten, mache Feldenkrais-Übungen und massiere meinen Rücken mit meiner Siggflasche. Da treffe ich genau die schmerzhaften Muskelstellen, aber wo die Ursache liegt, weiß ich immer noch nicht. So etwas hatte ich noch nie. Nach zwei Wochen kommt alles wieder ins Lot – für vier Tage. Es wird nochmals ein leichter Rückschlag erfolgen, aber als ich in Hongkong vom Schiff gehe, bin ich wieder fit. Gott sei Dank!

EIN OZEAN FÜR UNS ALLEIN

Wer die Welt umrunden will, muss natürlich die großen Ozeane überqueren – entweder mit dem Flugzeug oder mit dem Schiff. Ich habe mich bewusst für die langsamere Fortbewegungsart entschieden, um ein Gespür für die Größe unserer Erde zu bekommen. Als ich nachfrage, wie viele Meilen es von Valparaiso bis Hongkong sind und es in Kilometer umrechne, bin ich zuerst einmal sprachlos. Ich kann es einfach nicht glauben: knapp 20 000 Kilometer nur Wasser. Auf einem einzigen Ozean umrunden wir fast die halbe Welt.

Gleich am ersten Tag erfahre ich, dass auf dieser Strecke außer uns kein Schiff unterwegs sei. Umso erstaunter sind alle, als am zweiten Tag ein Tanker unsere Route kreuzt. Er ist auf dem Weg nach Nigeria. Alle haben Mitleid mit dieser Crew, denn dorthin will niemand. Neben Somalia und der Straße von Malakka zwischen Malaysia und Indonesien gehört Nigeria zu den Ländern, in denen die meisten Schiffe überfallen werden. Ja, auch heute noch gibt es die Piraterie. Pro Jahr werden ungefähr dreihundertfünfzig Überfälle gezählt. Da geht es uns doch gut. Auf unserer Route haben wir den ganzen Ozean für uns allein.

Wir passieren historisch und literarisch berühmte Inseln wie die *Robinson Crusoe Insel*, die *Osterinsel* und die *Pitcairninsel*, die durch die *Meuterei auf der Bounty* Bekanntheit erlangt hat. Leider bleiben alle außer Sichtweite. Das ist schade, aber so ist das eben. Dafür haben wir den Ozean für uns allein. Wir sehen auch kaum Tiere. Zu Beginn unserer Reise begleitet uns in den frühen Morgenstunden eine Delfingruppe, was ich leider verschlafe. Sobald wir in Landnähe sind, tauchen ab und zu Möwen auf, und einmal kreuzt eine Gruppe von Tümmlern unseren Weg. Häufiger sehen wir fliegende Fische – und einer landet sogar auf Deck. Das war es dann aber auch schon. *Wir haben den Ozean für uns allein.*

Dafür werden wir täglich mit neuen Wolkenszenarien überrascht. Es ist unglaublich, wie viele unterschied-

liche Formationen wir bestaunen können. Meine ganze Phantasie kann sich darin ausleben. Übermächtige Geister sind zu sehen, Engel, Wassernixen, ein tanzender Derwisch und Lehrer Lämpel von Max und Moritz. Will er mich mit seinem Zeigefinger an etwas erinnern? Ich kann Tiere wie Elefanten, Wale, brüllende Löwenmäuler, Enten und Vögel *erkennen*. Dann meint man Landschaften vor sich zu haben: Bergketten, Inseln, Palmen, ja manchmal scheint es so, als ob in der Ferne eine Insel auftauchen würde. Jeden Tag erleben wir ein neues Schauspiel.

Am 14. April 2008 ist alles anders. Bereits um 4.00 Uhr passieren wir in siebeneinhalb Kilometern Entfernung *Malden Island*, dann taucht kurz vor 7.00 Uhr eine Herde Delfine auf und am Nachmittag sehen wir sogar ein Schiff. Nein, genau genommen sehen nur die anderen das Schiff, ich nicht. Ich habe mich die Nacht über mehrmals übergeben müssen und liege total geschwächt im Bett. Erst am Abend geht es mir wieder besser und ich begebe mich langsam auf die Brücke, aber da ist schon alles vorbei. Ein Höhepunkt der Reise geschah also ohne meine Teilnahme.

Am nächsten Tag überqueren wir östlich von Kiribati den Äquator und am Donnerstag, den 17. April 2008 passieren wir um Mitternacht nördlich von Kiribati die Datumsgrenze: von einer Minute auf die andere haben wir einen Tag übersprungen. Als ich aufwache, ist nicht Freitag, sondern wir haben bereits Samstag, den 19. April 2008. Auf der ganzen Reise war ich der deutschen Zeit immer hinterher, doch mit einem Schlag bin ich Deutschland elf Stunden voraus! Seltsames Gefühl. Die Zeitzonen sind auf dieser Strecke sowieso ein Problem. Bis Hongkong stellen wir insgesamt zwölfmal die Uhr zurück. Am Anfang habe ich mich noch darüber gefreut, immer eine Stunde länger schlafen zu können. Doch mit der Zeit spüre ich jetzt die Belastung. Für die Crewmitglieder wird es noch anstrengender, da sie auf der Rückreise genauso oft die Uhr wieder vorstellen müssen.

Seit dem 14. April 2008 hat sich auch das Wetter geändert. Wir haben viel mehr Wind (Windstärke 5-6) und Wolken und viel höhere Wellen. Manche sind so hoch, dass das Wasser sogar auf Deck spritzt. Das ist für diese Gegend anscheinend total untypisch. Normalerweise ist auf dieser Strecke die See tagelang spiegelglatt – eben Südseewetter. Aber auf dieser Tour ist wohl alles anders. Selbst die Crew ist irritiert, weil sie eine solche Überfahrt noch nie erlebt hat. Der Chefingenieur meint: „Diese jetzige Wetterlage ist eigentlich typisches Sommerwetter im *Nordpazifik*." Sollten wir uns verfahren haben? Am 23. April 2008 ist die See endlich fast ruhig und ich kann erahnen, was mit spiegelglatter See gemeint ist.

LAND IN SICHT

In großer Entfernung passieren wir die *Marshall Inseln* und die *Marianen*. Am 24. April 2008 fahren wir in eineinhalb Kilometern Entfernung an einer kleinen Insel vorbei, die zu Japan gehört. Nach so langer Zeit wieder Land zu sehen, ist ein schönes Gefühl. Auch ein Schiff kommt uns entgegen. Wir haben den Ozean nicht mehr für uns allein.

Kurz vor der Küste Taiwans beginnt das Leben wieder. Wir sehen immer mehr Containerschiffe, sogar eine Bohrplattform, die nach Japan transportiert wird – und natürlich viele kleine Fischerboote. Vor *Keelung* müssen wir fünf Stunden auf Reede liegen und laufen erst um 1.00 Uhr nachts ein. Schade, denn damit fällt mein geplanter Landgang mit den Filipinos ins Wasser. Eventuell kann ich am Morgen mit ihnen in die Stadt gehen. Als ich aber zum Frühstück erscheine, sind sie leider schon weg. Ich habe sie um fünf Minuten verpasst. Was nun? Hier in Taiwan allein in die Stadt zu gehen, ist mir etwas unheimlich. Doch den ganzen Tag auf dem Schiff rumzuhängen, macht auch keinen Sinn. Also fasse ich mir ein Herz und marschiere los. Ich habe keine Ahnung, wo die Stadt liegt, wie weit es ins Zentrum ist, geschweige denn, was es dort zu sehen gibt. Ich habe nicht einmal einen Stadtplan. Kurz nach Verlassen des Hafens spreche ich einen Taxifahrer an und habe Glück, dass er ein wenig Englisch spricht. Aber was soll ich ihm sagen? Ich weiß ja nicht einmal, wohin ich will. Wir fahren los und er überlegt sich, wo er mich hinbringen kann. Unterwegs habe ich die Idee, ihn für zwei Stunden zu mieten, um mir die Stadt zu zeigen. Er lässt sich auf meinen Vorschlag ein und fährt mich zu verschiedenen Plätzen: eine Tempelanlage, eine Befestigungsanlage, ein Aussichtspunkt und ein historischen Museum. Dort tauche ich in die *Geschichte Keelungs* ein. Es wundert mich nicht mehr, dass Keelung nicht nur von Japanern, sondern auch wie die südamerikanischen Küsten von Holländern, Spaniern, Franzosen und Engländern besetzt war. Die Deutschen werden in einem anderen Zusammenhang aufgeführt. Sie haben hier die erste Eisenbahn gebaut. Mit Stolz wird erwähnt, dass 2002 das zweitgrößte Kreuzfahrtschiff der Welt hier angelegt hat. Alles in allem hat sich mein Landgang gelohnt und ich habe eine kleine Ahnung davon bekommen, was in Asien auf mich zukommt.

Noch vor dem Auslaufen erfahren wir, dass wir auch in Hongkong nicht pünktlich werden einlaufen können. Aus den angekündigten fünf Stunden werden dann tatsächlich sogar zehn Stunden. Das ist in Hongkong noch nie vorgekommen. Auf dieser Reise ist wirklich *alles anders*. Trotz des schlechten Wetters ist das Einlaufen kurzweilig. Es gibt viel zu sehen. Zwischen den Inseln tauchen immer wieder die Wolkenkratzer auf. Die Skyline ist wirklich beeindruckend.

Am 29. April 2008 habe ich es tatsächlich geschafft! Nach sechsundzwanzig Tagen bin ich auf der anderen Seite des Pazifiks angekommen und habe wieder dauerhaft festen Boden unter den Füßen. Ein gutes Gefühl, wenn es auch noch Tage dauern wird, bis sich mein Gleichgewichtssystem wieder normalisiert hat. Die Crewmitglieder erzählen mir, dass sie nach vier bis acht Monaten auf dem Schiff oft bis zu drei Wochen brauchen, um wirklich an Land *anzukommen*. Auf dem Schiff hatte ich hin und wieder den Gedanken, eventuell schon jetzt nach Hause zurückzukehren. Erlebt habe ich ja schon mehr als genug! Aber wahrscheinlich würde ich dann weiter von der großen weiten Welt träumen. Darum setze ich lieber meine Reise fort, denn schon Kurt Tucholsky schreibt:

Die größte Sehenswürdigkeit, die es gibt,
ist die Welt ... – sieh sie dir an!

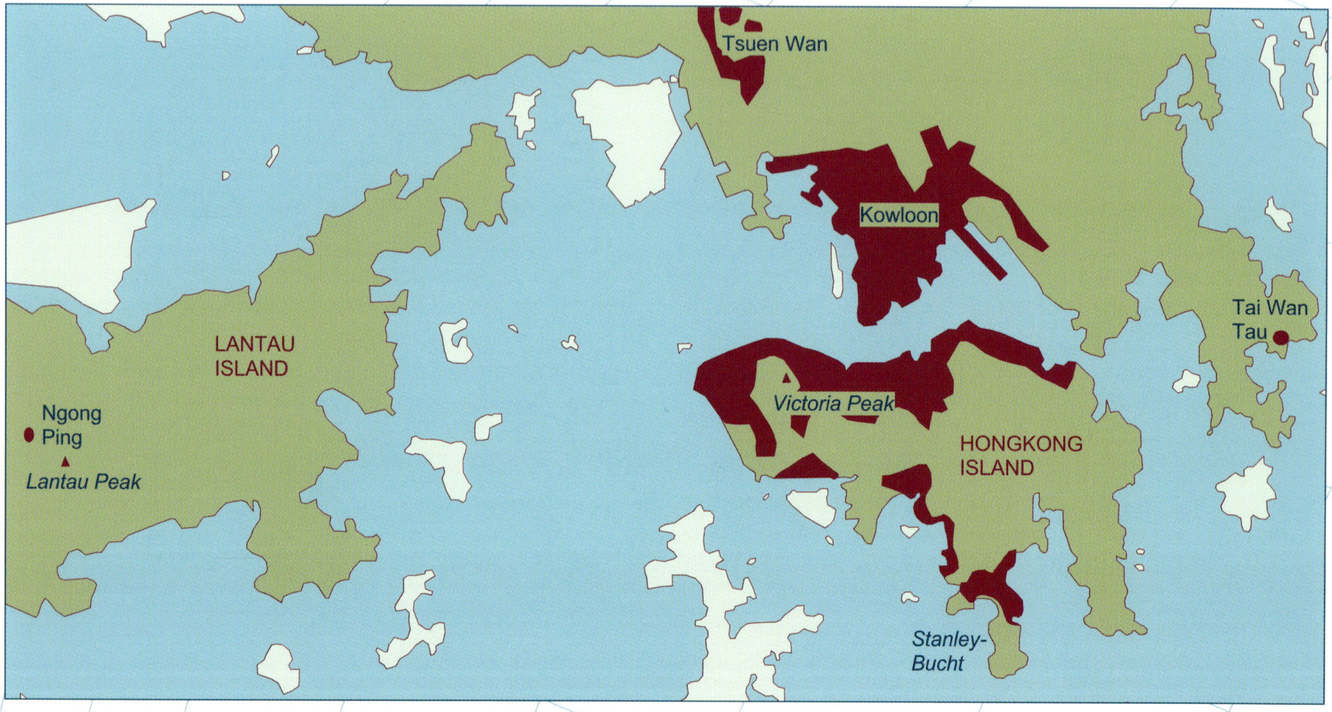
Tsuen Wan
Kowloon
Tai Wan
Tau
LANTAU
ISLAND
Ngong
Ping
Lantau Peak
Victoria Peak
HONGKONG
ISLAND
Stanley-
Bucht

KAPITEL 7

Hongkong

HERAUSFORDERUNGEN EINER GROSSSTADT

Hilfe, wo bin ich bloß? Ich weiß, dass ich in Hongkong bin, aber wo? Seit über einer halben Stunde gehe ich durch die Schluchten der Wolkenkratzer, ohne einen Anhaltspunkt zu haben. Als ich von der Metrostation kam, hatte ich das Schild zur *Star Ferry* gesehen und marschierte los. Doch irgendwie sagen mir die ganzen Straßennamen nichts und ich kann sie auch auf meinem Stadtplan nicht finden. Das irritiert mich ein wenig, aber ich vermute zunächst, dass ich mich wahrscheinlich in irgendwelchen Seitenstraßen befinde. Doch egal wohin ich laufe – nichts taucht im Stadtplan auf. Wo bin ich nur? Langsam habe ich den Verdacht, dass ich ganz woanders bin. Tatsächlich, meine Vermutung stimmt: Ich habe schon längst das Festland verlassen und bin im Herzen der Stadt auf *Hongkong Island* gelandet.

HONGKONG – EINE WELTMETROPOLE

Seit Großbritannien 1997 die Stadt an China zurückgegeben hat, besitzt Hongkong einen Sonderstatus. Sie ist für 50 Jahre eine *Special Administrative Region* (SAR), d.h. eine Sonderverwaltungsregion. China ist nun ein Land mit zwei Systemen.

Hongkong hat nach wie vor eine demokratisch gewählte Regierung, ein eigenes Rechts- und Bildungssystem und mit dem *Hongkongdollar* eine eigene Währung. Statt Mandarin wird weiterhin Kantonesisch gesprochen. Die Chinesen des Mutterlands brauchen ein Visum, um nach Hongkong zu reisen, andersherum genügt eine einfache Einreiseerlaubnis. Nur bei den Produkten heißt es nicht mehr *Made in Hongkong*, sondern *Made in China*. Ziel der Regierung in Peking ist, die Stadt bis 2047 nach und nach zu integrieren. Doch die Menschen von Hongkong sagen selbstbewusst: „Wer weiß, vielleicht haben wir bis dahin China integriert." Ich unterhalte mich mit einem älteren Chinesen. „Leben Sie hier in Hongkong?", frage ich ihn. „Ja, ich bin in Hongkong geboren und habe mein ganzes Leben in dieser Stadt verbracht", antwortet er mir. „Und wie sehen Sie die Zukunft Hongkongs?", frage ich neugierig weiter. Er meint: „Es wäre der größte Fehler der Regierung, ein solch erfolgreiches System zu verändern." Aber wie viele Fehler wurden schon aus ideologischen Gründen begangen! Ich hoffe für Hongkong.

Hongkong besteht aus drei großen Gebieten: *Hongkong Island, Kowloon* und den *New Territoriums* sowie 260 Inseln; von denen die meisten unbewohnt sind. In der Stadt leben sieben Millionen Menschen. Auf einen Quadratkilometer kommen 6300 Menschen. Damit gehört Hongkong zu den am dichtesten besiedelten Gebieten der Welt. Und das merkt man auch! Die Stadt ist übervoll von Menschen, Autos, Taxis und Bussen. Auf *Hongkong Island* gibt es noch die alten Straßenbahnen und ein achthundertachtzig Meter langes Rolltreppensystem, das einen in die mittlere Wohngegend bringt. Die U-Bahn hat sogar die welthöchste Transportleistung pro Kilometer, trotzdem wird sie zu meinem liebsten Verkehrsmittel, denn da unten ist es einfach schön ruhig.

Bei der *Heilsarmee* finde ich ein für mich bezahlbares Zimmer. Das Hotel liegt relativ zentral in einer ruhigen Seitenstraße der übermächtigen *Nathan Road*. Sie ist die wichtigste Straße in *Kowloon* und verläuft als Nordsüdachse bis zum Victoriahafen. Dort wollte ich eigentlich auch bei meiner ersten Metrofahrt ankommen. Allerdings wusste ich damals noch nicht, dass dort nicht die Endstation ist, sondern die Metro unter dem Hafen bis *Hongkong Island* weiterfährt. So lernt man eine Stadt kennen. Neben der Metro gibt es noch einen Autotunnel und die *Star Ferry*, um auf die andere Seite zu gelangen. Mit der Fähre ist es natürlich am schönsten, weil man einen wunderbaren Blick auf Hongkongs Skyline hat.

Nach meiner Ankunft muss ich erst mal ein paar Dinge erledigen, so dass mir nichts anderes übrig bleibt, als mich in das Großstadtgetümmel zu begeben. Ich kann es einfach nicht glauben, wie viele Menschen unterwegs sind und wie viele Geschäfte sich aneinanderreihen! Aber wo finde ich, was ich brauche? Mit Geduld und Ausdauer habe ich letztendlich Erfolg. Besondere Geduld brauche ich auch auf der Suche nach einem Internetcafé. Die Leute schicken mich von A nach B, von B nach C usw. Nach einer knappen Stunde gebe ich auf und setze mich erst einmal erschöpft in ein Café. Am meisten wundere ich mich über mich selbst, wie gelassen ich bei der Suche geblieben war. Hinterher erfahre ich, dass es in Hongkong, der Stadt der Elektronik, *keine* Internetcafés im herkömmlichen

Sinne gibt. Sie waren zu teuer und haben zugemacht. Mit der Zeit finde ich dann verschiedene Internetmöglichkeiten und so kann ich auch am PC meine Sachen erledigen.

In Hongkong als Touristin nicht aufzufallen, ist schlicht unmöglich. Ich sehe einfach *anders* aus. Ich bin viel größer als die Chinesen und habe auch eine andere Hautfarbe. Gemeinsam mit ihnen habe ich nur das glatte Haar und die kleinen Augen. Erstaunt bin ich, dass ich in der Stadt wesentlich mehr junge als alte Menschen sehe. Warum das so ist, weiß ich nicht. Wenn ich in die Gesichter dieser jungen Menschen schaue, muss ich mir um die Zukunft Hongkongs keine Sorgen machen. Im Vergleich zu den alten Politikern, die meistens ernst, verschlossen und streng dreinblicken, haben sie einen offenen freundlichen Gesichtsausdruck. Sie wollen leben und die Welt entdecken. Zum ersten Mal auf meiner Reise sehe ich fast keine übergewichtigen Menschen. Wenn doch, dann sind es eher die Touristen ... Liegt das an der chinesischen Küche oder auch daran, dass es viele Süßigkeiten nur in kleinen Packungen zu kaufen gibt?

Besonders fällt mir die Sauberkeit in der Stadt auf. Es liegt kein Müll auf den Straßen und es gibt kein Graffiti an den Wänden. Die Waggons der Metro sind blitzblank, nichts ist verschmiert oder bekritzelt. Es würde mich brennend interessieren, wie sie das hinbekommen. Ein Grund ist sicher, dass man in allen öffentlichen Verkehrsmitteln weder Essen noch Trinken darf. Oder liegt es auch an der chinesischen Mentalität? Genauso beeindruckt mich das Hunde- und Rauchverbot auf Kinderspielplätzen. Die Plätze sehen absolut sauber aus. Da können wir etwas dazulernen. Ebenso herrscht Ordnung beim Busfahren. Die Menschen stellen sich in einer Schlange an und warten auf den Bus, es gibt kein Gedrängel. An den großen Straßen sind überall Straßengitter aufgestellt, niemand kann die Straßen mittendrin überqueren. So bleibt einem nichts anderes übrig, als bis zur nächsten Ampel zu gehen. Wenigstens an kleinen Straßen halten sich die Chinesen aber nicht immer an die Vorschriften und gehen auch einmal über die Straße, ohne auf die Ampel zu achten.

Hongkong ist die erste Großstadt, in der ich keine Angst haben muss, überfallen zu werden. Sowohl am

Tag, als auch in der Nacht fühle ich mich hier sehr sicher.

Die imposantesten Wolkenkratzer stehen auf *Hongkong Island*. Das größte Gebäude der Stadt ist das *IFC 2* (das *International Finance Center*). Mit vierhundertzwanzig Metern Höhe zählt der Turm zu den höchsten Gebäuden der Welt. Da die Zahl acht den Chinesen als Glückszahl gilt und für Reichtum steht, hat das Gebäude achtundachtzig Stockwerke. Aus demselben Grund beginnen die olympischen Spiele am 8. August 2008 um 8.00 Uhr. Als Besucherin darf ich im *IFC 2* nur bis zum 55. Stockwerk hochfahren. Doch selbst von dieser Höhe aus ist der Ausblick imposant und die anderen Hochhäuser wirken klein dagegen. Schräg gegenüber befindet sich der Neubau der chinesischen Staatsbank, der *Bank of China Tower*. Der 368 Meter hohe Turm war bei seiner Fertigstellung 1990 der größte Wolkenkratzer der Stadt. Dieser Rekord hielt allerdings nur zwei Jahre. Der moderne Bau stieß bei den Chinesen eher auf Ablehnung, da die Regeln des *Feng Shui* ignoriert wurden. Wie sehr die Menschen mit *Feng Shui* leben, erfahre ich kurze Zeit später. In *Aberdeen* sehe ich ein Hochhaus, bei dem alle Regeln eingehalten wurden. Es ist mit Abstand das teuerste Wohnhaus der Stadt. Ein paar hundert Meter weiter steht ein weiteres Hochhaus, das jedoch nicht nach *Feng Shui* gebaut wurde. Seit seiner Fertigstellung im Jahr 2000 steht es komplett leer. Jetzt will der Besitzer ein Hotel daraus machen. Da bin ich ja mal gespannt. Ein tolles Panorama auf die Wolkenkratzer habe ich von der Promenade am Hafen an der Südspitze *Kowloons*. Gleichzeitig werden dort auf der *Avenue of Stars* bekannte Schauspieler aus Hongkong geehrt. Die meisten von ihnen haben ihre Handabdrücke in den Steinplatten verewigt. Außer dem legendären *Kung Fu-Star Bruce Lee* kenne ich allerdings niemanden. Jeden Abend findet am Hafen die *Symphony of Light* statt. Sie hat als die größte permanente Licht- und Klangshow einen Eintrag ins *Guinessbuch der Rekorde* erhalten. Mehr als die Laserstrahlen beeindrucken mich die Lichteffekte der vierundvierzig Gebäude auf beiden Hafenseiten. Hongkong bei Nacht ist sowieso am schönsten, ob vom 14. Stock des *Sheraton Hotels* oder noch höher vom *Peak* aus, dem Hausberg Hongkongs.

Die philippinischen Hausmädchen veranstalten jeden Sonntag im *Central District* ein Riesenpicknick. Sie sitzen im ganzen Stadtviertel verteilt auf Decken oder Kartons und unterhalten sich, lesen, hören Musik, telefonieren, spielen Karten, machen kleine Geschäfte, essen und trinken usw. Noch mehr als über die Auswahl der wenig attraktiven Plätze (Unterführungen, Brücken, Gehwege) bin ich über die Anzahl der Frauen erstaunt. Es sind bestimmt über 1 000 Philippinas, die sich hier treffen.

Und dann erlebe ich auch noch einen Hauch von *Olympia* mit. Aus der Zeitung erfahre ich, dass das *olympische Feuer* am 2. Mai 2008 in Hongkong ist. Soll ich hingehen oder nicht? Sollen die Sportler die Olympiade boykottieren oder nicht? Ich bin der Meinung, dass nicht der Sport dafür herhalten sollte, wenn Politik und Wirtschaft versagen, denn von dort aus müssen die Zeichen gesetzt werden. Wenn ein Sportler auf die Olympiade verzichtet, dann soll dies aus einer persönlichen und nicht aus einer kollektiven Entscheidung erfolgen. Immerhin haben die Protestaktionen während des Fackellaufs Wirkung gezeigt.

Trotz Regen mache ich mich also auf den Weg und wage mich unter die Menge. Irgendwie berührt es mich, bei solch einem Ereignis dabei sein zu können. Ich bin froh, bei all den vielen Menschen wenigstens einen guten Platz ergattert zu haben, wenn auch auf der gegenüberliegenden Straßenseite. Eine Chinesin erzählt mir: „Auf unserer Straßenseite wollen sie den Verkehr während des Fackellaufs nicht stoppen.“ Ich kann es eigentlich nicht glauben und hake nach: „Gibt es einen Grund dafür?“ „Eigentlich nicht“, antwortet sie mir. Ich spüre, wie wütend sie auf die Organisatoren und die Polizisten ist, die nicht den Mut haben, den Verkehr für eine Minute anzuhalten. Ich hoffe, trotzdem etwas sehen zu können. Doch dann geht alles ganz schnell. Die Läufer kommen und gleichzeitig kreuzt ein Holztransporter unseren Weg. Schlimmer hätte es nicht kommen können! Wenigstens kurz davor und danach konnte ich für einige Sekunden einen Blick auf die Flamme werfen. *Einer der Polizisten müsste man sein*, denke ich, *sie haben die besten Plätze und die beste Sicht.*

Einer Stadt, die so laut und anstrengend ist, muss man ab und zu den Rücken kehren, damit die Seele sich

erholen kann. Ich besuche das *Museum of History* und genieße die Ruhe im Museumscafé. Das Museum zählt zu den besten Geschichtsmuseen der Welt und hat die Geschichte Hongkongs sehr vielfältig und anschaulich dargestellt. Weitere Ruhezonen sind natürlich auch die Parks. Neben dem *Kowloon Park* und dem kleinen zoologischen und botanischen Garten hat mich der *Hong Kong Park* am meisten beeindruckt. Dort gibt es eine große Voliere, in der hundertfünfzig südostasiatische Vogelarten umherschwirren. Auf Baumwipfelhöhe kann ich von einem Steg aus, der zickzackmäßig verläuft, die Vögel in aller Ruhe beobachten.

In allen Parks sehe ich außerdem Bäume, die von Bürgern Hongkongs adoptiert wurden. Diese Idee finde ich einfach klasse. Vielleicht sollte ich sie unserem Oberbürgermeister in Ludwigsburg mal vorschlagen. Wir haben ja schließlich auch einige Parks. Auf den *Peak*, mit 552 Metern die höchste Erhebung der Insel, fahre ich mit der alten Standseilbahn, der *Peak Tram*. Schon die Auffahrt ist ein Erlebnis, da zwischen den Bäumen immer wieder die Hochhäuser zum Vorschein kommen. Auf 428 Metern endet die Fahrt im *Peaktower*. Dort entziehe ich mich dem Trubel, indem ich auf einem achthundert Meter langen Fußweg bis zu einem Steilhang spaziere. Hier ist es ruhig und ich sehe das gesamte Panorama in seiner Pracht. In der Abenddämmerung ist der Blick so überwältigend, dass ich mich nur sehr schwer losreißen kann.

SHOPPEN OHNE ENDE

Vom Einkaufsangebot der Stadt werde ich regelrecht erschlagen. Natürlich müssen die Bewohner der Stadt versorgt und muss der Einkaufshunger der jährlich zwanzig Millionen Touristen gestillt werden. Aber braucht man wirklich so viele Geschäfte? Wie viele Schmuck- und Uhrengeschäfte es allein in *Kowloon* in der *Nathan Road,* und erst recht auf *Hongkong Island* gibt! Wer soll das alles kaufen? Für mich als Minimalistin ist diese verwirrende Vielfalt Stress pur. Doch Hongkong lebt vom Handel. Hier gibt es so gut wie keine Industrie, und die Nahrungsmittel müssen fast ausschließlich importiert werden.

Also bleibt der Stadt neben den Finanzgeschäften vor allem noch der Handel. Der Tourismus ist der Wirtschaftsfaktor Nummer eins, gefolgt vom Textilien-, Elektronik- und Schmuckhandel.

Nicht weit von meinem Hotel entfernt tauche ich abseits der großen Shoppingcenter in die Wunder des Alltags ein. In einer Straße bilden Devotionalienläden, in denen Heiligenfiguren und Hausaltäre verkauft werden, sowie Haushalts- und Stahlwarengeschäfte eine einzigartige Mischung. Dort finde ich auch *deutsche* Qualitätsware, Küchenmesser von Solingen – oder sind sie gefälscht? Während der Obstgroßmarkt bereits zusammenpackt, öffnet der Jademarkt seine Stände. Sobald ich einen Blick auf den Schmuck werfe, will mir jeder sofort etwas verkaufen. Ich brauche aber nichts. Außerdem kenne ich mich mit Jade nicht aus und es wird davor gewarnt, sich etwas aufschwatzen zu lassen. Viel interessanter ist für mich der sich anschließende Obst- und Gemüsemarkt. Dort kaufen die Einheimischen ihre Nahrungsmittel täglich frisch ein. Neugierig bestaune ich Produkte, die ich noch nie gesehen habe. Leider spricht kein Mensch Englisch und so bleiben meine Fragen unbeantwortet. Auf dem Markt finde ich auch Trauben und Knoblauch aus Chile.

Stammt diese Ware womöglich von unserem Schiff? Im Laufe der Woche erkunde ich noch den *Stanleymarkt auf Hong Kong Island* (dort werden Fabrikartikel zweiter Wahl und chinesisches Kunsthandwerk angeboten), den *Ladiesmarkt* (ein beliebter Straßenmarkt,

一食過方知好味道
98

ein Muss für Modeliebhaber, die es auf Schnäppchen abgesehen haben) und den *Nachtmarkt* (täglich von 18.00 Uhr bis Mitternacht mit preisgünstigem Warenangebot; er ist sehr beliebt zum Essen; jeden Abend werden Garküchen aufgebaut und die Menschen sitzen an Tischen auf der Straße). Das meiste, was ich sehe, ist Billigware und Kitsch. Bei den großen Shoppingcentern mache ich *Schaufenstershopping* oder benutze sie als Durchgangsstraße. Die Gebäude und die Produkte vermitteln mir nicht das Gefühl, tatsächlich in China zu sein. Sie erinnern mich eher an das Breuningerland in Ludwigsburg. Die Städte werden weltweit leider immer ähnlicher. In einem kleinen chinesischen Straßenladen entdecke ich eine Bluse, die mir gefällt und sogar passt. So nehme ich doch ein Andenken an Hongkong mit.

Ja, und dann erstehe ich mir meinen *Mr. Hongkong*, einen kleinen Reisecomputer. Wie es der Zufall will, lerne ich Computerfachleute kennen. Die einen haben selbst einen Reisecomputer entwickelt, der aber erst in zwei Monaten auf den Markt kommen wird. Ich will ihnen ihren Prototyp abkaufen, doch das geht leider nicht. Es ist einer von fünf Prototypen, die es bis jetzt auf der Welt gibt. Schade! Sie empfehlen mir aber einen PC von Asus. Alles klar. Noch am selben Tag lerne ich einen weiteren Computerfachmann kennen: ein Engländer, der in Hongkong arbeitet. Er empfiehlt mir den PC von HP, den ich mir sogar schon einmal näher angeschaut hatte. Am nächsten Tag suche ich ein Computercenter auf – und bin haushoch überfordert. Die Verkäufer überhäufen mich in einer fremden Sprache mit Fachwissen und niemand ist da, der mich wirklich berät. Bis jetzt habe ich noch nie einen PC alleine gekauft. Ich bin ratlos, was ich tun soll. Der Einkauf wird zu einem puren Stresserlebnis und ich möchte am liebsten davonlaufen. Letztendlich entscheide ich mich für den HP-Computer, da er statt einer Hongkong-Garantie eine weltweite Garantie hat. Ich hoffe nur, dass ich unterwegs keine Probleme bekomme.

HONGKONGS GRÜNE SEITEN

Hongkong hat viel mehr zu bieten als nur die Stadt. Es lohnt sich auf jeden Fall auch die grünen Seiten kennenzulernen. Nur dann bekommt man wirklich einen Gesamteindruck von Hongkong. Ich buche eine *Heritage Tour*. Wir fahren in die *New Territories*, besuchen die Residenz eines kaiserlichen Beamten aus dem 19. Jahrhundert und erfahren einiges über das Leben des *Man Clans*. Bei den Chinesen, die früher an Höflichkeit kaum zu überbieten waren, mussten sich die Männer zur Begrüßung so tief verbeugen, dass der Bart den Boden berührte. Damit war auch schon mal sicher gestellt, dass die Verbeugung der jüngeren Männer tiefer und ihr Respekt größer sein musste. Wir fahren zu einem alten Sippendorf weiter. Die Stadtmauer und das Leben im Dorf ähneln dem früheren Leben in Europa, während uns die Clanrituale für die Verstorbenen fremd sind. Laut Reiseleiter sind es keine religiösen Rituale. Sie entsprechen einer alten chinesischen Tradition. Im *Man Mo Tempel*, wie in jedem anderen Tempel auch, werden viele Räucherstäbchen verbrannt. Mit dem Rauch sollen die Gebete zum Himmel getragen werden. Wir erfahren, wie die Chinesen mittels *Yin- und Yangscheiben* oder Stäbchen das Orakel befragen. Daneben befindet sich gleich wieder ein interessanter Markt für Einheimische. Zum Schluss halten wir noch an einem berühmten Wunschbaum. Auch dies ist eine alte Tradition. Die Chinesen schreiben ihre Wünsche auf ein Papier und hängen sie an den Wunschbaum, damit diese zum Himmel aufsteigen können. Besonders zum chinesischen Neujahrsfest pilgern viele Menschen hierher, damit ihre Neujahrswünsche in Erfüllung gehen. Dieser über 100 Jahre alte *Bayanbaum* ist inzwischen aber einsturzgefährdet und muss abgestützt werden. Deshalb werden die Wunschzettel neben dem Baum an eine dafür vorgesehene Holzwand gehängt.

In *Aberdeen* befindet sich der älteste Fischerhafen auf *Hongkong Island*. Dort leben die Fischer mit ihren Familien noch auf Hausbooten. Die *Dschunkenstadt* wirkt wie ein Überbleibsel aus vergangenen Zeiten. Wie lange es sie noch geben wird, ist eine Frage der Zeit, da die jüngere Generation ihre Zukunft auf dem Festland sieht. An einem Strand in *Aberdeen* gab es in den letzten Jahren immer wieder Haiattacken. Um die Menschen zu schützen, wurde ein Sicherungssystem eingerichtet. Es gibt eine Stromleitung, die die

Haie auf Distanz hält und eine zweite Leine, die die Schwimmer von der Stromleitung fernhält.

Für mich viel interessanter ist das Fischerdörfchen *Lei Yue Mun*. Es besteht praktisch nur aus einem einzigen sechshundert Meter langem Gässchen, das von Fischrestaurants und Fischhandlungen gesäumt ist. Viele Häuser schweben noch auf Stelzen über dem Wasser.

Dort gibt es das reichste Angebot an Meeresfrüchten in ganz Hongkong. Ich gehe von einer Fischhandlung zur nächsten und staune, was es alles für Meerestiere gibt. Vieles davon habe ich noch nie gesehen und nun fehlt mir leider wieder ein Fachmann, der mich in diese Welt einführt und mir alles erklärt. So bleibt es beim Bestaunen der Tiere. Doch ich habe das Gefühl, dass die Tiere mich ebenso bestaunen. Durch die Frischwasserbehälter bleiben sie bis zum Verkauf am Leben. Als ich in ihre Augen schaue, habe ich das Gefühl, dass sie wissen, was sie erwartet. Mir vergeht der Appetit auf ein Abendessen und ich fahre hungrig in die Stadt zurück.

Ein weiterer Ausflug führt mich nach *Lantau*. Die größte Insel von Hongkong gewann erst mit dem Flughafenbau an Bedeutung. Und schon ist eine Satellitenstadt entstanden. Als ich bei einem Hochhaus die Wohnungen zähle, komme ich auf ungefähr 800 Wohneinheiten, das heißt, es wohnen dort schätzungsweise 2 000 Menschen. In meiner Kindheit hatte Kleinsachsenheim gerade mal so viele Einwohner insgesamt – doch hier sind sie in einem Gebäude zusammengepfercht! Wie geht es den Menschen in ihren Wohnungen wohl? Haben sie Kontakt zu den Nachbarn? Aber in Hongkong hat man keine andere Wahl.

Vor nicht langer Zeit kam auch noch Disneyland auf die Insel, aber das ist nicht mein Ziel. Ich will das *Po-Lin-Kloster* besuchen, Hongkongs größter Sakralbau. Er befindet sich auf einem vierhundertsechzig Meter hohen Plateau. Hinauf zum Kloster fahre ich mit einer Gondel und habe dabei einen schönen Blick auf die Insel und das südchinesische Meer. Schon von weitem kann ich den größten Freiluft-Bronzebuddha der Welt sehen. Mit seinen zweiundzwanzig Metern Höhe ist er gewaltig. Der Buddha ist sehr harmonisch dargestellt und strahlt eine wohltuende Ruhe aus. Wie es der Zufall will, findet heute im Kloster zu Ehren Buddhas eine Performanceshow mit Akrobatik, Tanz und einem Auftritt von jungen *Shaolinmönchen* statt. Das will ich mir natürlich anschauen. Es ist unglaublich, was diese jungen Menschen bereits leisten, welch hohes Niveau sie schon haben. Trotz meiner Hochachtung vor der Leistung frage ich mich dennoch, welch hohen Preis

sie dafür bezahlen und welche Spätfolgen sie davon tragen werden.

Meine Ausflüge in die Peripherie haben sich wirklich gelohnt. Sollte es mich noch einmal nach Hongkong verschlagen, habe ich bereits ein paar weitere Ziele im Kopf. Doch nun geht es erst einmal weiter gen Westen. Mit dem Bus fahre ich über die längste Hängebrücke der Welt zum Flughafen nach *Lantau*.

MYANMAR
LAOS
Chiang Mai
THAILAND
Bangkok
KAMBODSCHA
VIETNAM

KAPITEL 8

Urlaub vom Reisen

YOGA UND SPA IN THAILAND

Reisen ist nicht nur schön, sondern mitunter auch ganz schön anstrengend. Deshalb ist es wichtig, sich hin und wieder Auszeiten zu gönnen. Im Internet finde ich ein Angebot in Nordthailand, das mich sehr anspricht. Zwei Wochen Spa-Urlaub mit Yoga, Massagen, Whirlpool sowie Workshops und Ausflügen. Es ist alles dabei, was mein Herz begehrt und so buche ich, ohne lange zu überlegen. Als ich im Flugzeug nach Thailand sitze, habe ich tatsächlich das Gefühl, nicht mehr zu reisen, sondern in den Urlaub zu fliegen.

IN BAAM DEVA MONTRA

Auf dem Flughafen von *Chiang Mai* holt mich Corinna ab. Sie ist Deutsche, lebt seit fünf Jahren in Thailand und hat ein kleines Reiseunternehmen aufgebaut. In den nächsten zwei Wochen ist sie nicht nur meine Ansprechpartnerin, sondern auch meine Reiseleiterin. Als sie mich in mein Quartier nach *Baam Deva Montra* bringt, erfahre ich, dass ich in diesen zwei Wochen der einzige Gast bin, der dieses Programm gebucht hat. Es ist Nebensaison. Ich hatte mich auf eine Gruppe eingestellt, aber nun ist es eben so. Nun habe ich eine Reiseleiterin, eine Yogalehrerin und eine Masseurin für mich alleine. Auch nicht schlecht!

Baam Deva Montra heißt übersetzt *unter Engels Schwingen*. Das Gefühl habe ich auch, als ich dort ankomme. Es ist ein wunderschönes harmonisch gestaltetes Resort, in dem sich fünfundzwanzig kleine Häuser und Villen befinden. Die Bäume, Pflanzen, Tiere und Geräusche erinnern mich sehr an Brasilien. So fällt mir das Einleben ziemlich leicht. Da es nur ein paar wenige Übernachtungsgäste gibt, bekomme ich statt meiner gebuchten Unterkunft eine Pool-Villa. Mein neues Haus hat einen großen Wohnschlafraum, einen eigenen Whirlpool und eine Badewanne im Freien, sowie eine große überdachte Terrasse mit Liegen, Sitzkissen und einem Tisch.

Soviel Luxus hatte ich noch nie. Ich kann mein Glück kaum fassen. Für *Mrs. Wachtler* wird sogar eine eigene Menükarte erstellt. Als sie mir im Regen auch noch mit dem Regenschirm entgegenkommen, fühle

ich mich wie die Königin von Thailand. Wenn das nicht der richtige Platz zum Erholen ist!

Fast jeden Morgen habe ich zwei Stunden Yoga. Bei der Buchung war ich etwas skeptisch, wie ich zwei Stunden Yoga überstehen soll, ohne dass es mir langweilig oder zu viel wird. Doch nun erlebe ich das Gegenteil. Der Stil und die Professionalität von

Chariya lassen die Zeit schnell vergehen. Es ist das erste Mal, dass ich Yoga mache, aber viele Übungen kommen mir aus dem Stretching bekannt vor – mit dem Unterschied, dass beim Yoga mit dem Atem gearbeitet wird. Das hat auf den Körper eine intensivere Wirkung. Außerdem macht Chariya mit mir isolierte Atemübungen, Gehmeditationen und klassische Yogastellungen wie der *Baum* oder der *Tänzer*. Ich bin froh, dass mich keiner sieht, denn ich bin total steif. Viele Muskeln sind vom Reisen stark verkürzt, aber nach zwei Wochen fühle ich mich erheblich besser.

Dazu tragen natürlich auch die Massagen bei, die ich ebenfalls fast täglich bekomme. Sie dauern jeweils ein bis zwei Stunden. Welch ein Genuss! Thaimassagen sind schon etwas besonderes, egal ob es eine traditionelle Thaimassage, eine Kräuter- oder eine Aromaöl-Massage ist. Zwei geführte Meditationen runden das Wohlfühlprogramm auf *Baam Deva Montra* ab.

In meinem ersten Workshop führt mich Corinna als ausgebildete *Feng Shui*-Beraterin in die aus China stammende Harmonielehre ein. Meine bisherigen Kenntnisse über *Feng Shui* stammen aus dem Buch *Feng Shui gegen das Gerümpel des Alltags*. Die Informationen darin haben mich damals gleich motiviert, die Theorie in die Tat umzusetzen. An diesem Nachmittag geht es vor allem um die Räume meiner Wohnung. In welcher Himmelsrichtung liegen sie? Wie sind Türen und Fenster angeordnet? Wo steht mein Bett, wo mein Schreibtisch? Corinna schaut sich den Grundriss nach *Feng Shui*-Gesetzen an und ist sehr erstaunt, dass man an meiner Wohnung nichts verändern muss. Sie ist *neutral*. Anscheinend gibt es das selten. Ihre Aussage über meine Wohnung bestätigt mein persönliches Empfinden. Ich fühle mich in meinem Zuhause wohl.

Ganz gespannt bin ich auf den halbtägigen *Thaikochkurs* in der Stadt. Da gerade Nebensaison ist, sind wir auch hier nur zwei Personen: ein 60-jähriger Holländer und ich. Als erstes schauen wir uns auf einem Markt um, danach fahren wir zur Kochschule, die keine Ähnlichkeit mit unseren Kochschulen hat. Sie befindet sich im Freien, hat zum Vorbereiten einen langen Holztisch und zum Kochen viele kleine Gasherde. Neben unserem Koch helfen zwei Frauen bei der Vor- und Nacharbeit mit. Am Vormittag kochen wir zwei Suppen und drei Hauptgerichte. Sobald alles vorbereitet ist, geht das Kochen im Wok ganz schnell. Nach wenigen Minuten ist alles fertig. Nachdem wir unsere Speisen getestet haben, lernen wir Dekoration: aus einer Karottenscheibe einen Elefanten schneiden. Im Mörser stellen wir aus grünen Papayas einen leckeren Salat her und als Nachtisch gibt es in Kokosmilch gekochte Bananen. Damit wir nichts vergessen, bekommen wir ein Kochbuch, in dem alle Gerichte beschrieben sind. Nun brauche ich zu Hause nur noch einen Wok.

CHIANG MAI UND UMGEBUNG

Chiang Mai ist nach Bangkok mit circa 300 000 Einwohnern die zweitgrößte Stadt Thailands und mit neunundsiebzig *Wats* (buddhistische Tempel) vor allem eine Tempelstadt. Zählt man alle Tempel der Provinz *Chiang Mai* zusammen, kommt man auf ungefähr 1 000 Bauwerke. Wir fahren zum berühmtesten Tempel, dem *Wat Phrathat Doi Suthep*, der ungefähr fünfzehn Kilometer außerhalb auf dem *Suthep*-Berg auf 1 070 Metern liegt.

Im Zentrum der Tempelanlage steht eine große goldene *Stupa* (religiöses Bauwerk), in der sich Reliquien von Buddha befinden sollen. Aus diesem Grund reisen Buddhisten aus aller Welt hierher. Das Wetter spielt an diesem Tag auch mit, so dass wir eine super Sicht auf die Stadt haben.

Die vorgesehene halbtägige Radtour fällt im wahrsten Sinne des Wortes dann ins Wasser. Die Regenzeit hat zwei Monate früher eingesetzt und wir haben täglich Schauer. Über den Regen kann ich aber froh sein, da normalerweise der Mai zur heißesten Jahreszeit gehört. So sind die Temperaturen erträglich und alles ist grün. Statt der Radtour fahren wir zu heißen Quellen. Wir kaufen Eier, lassen sie im kochend heißen Wasser garen und entspannen bei angenehmen Wassertemperaturen im Pool.

In der Stadt besucht Corinna mit mir zwei Märkte: den Sonntags- und den Nachtmarkt. Das schönste auf beiden Märkten sind für mich nicht die Stände, sondern die Massageangebote. *Chiang Mai* ist bekannt für seine Massageschulen und auf den Märkten haben die Schüler die Gelegenheit, ihre Kenntnisse auszuprobieren und sich ein kleines Zubrot zu verdienen. Außerdem haben mich die Porträtmaler stark beeindruckt. Selten zuvor habe ich Bilder gesehen, die so echt aussehen, wie bei diesen Künstlern.

Ganz zum Schluss komme ich sogar noch in den Genuss, in einem *Tuk Tuk* zu fahren. Das dreirädrige Rollertaxi kann zwei bis drei Personen mitnehmen. Es macht Spaß, sich damit durch die Stadt chauffieren zu lassen, auch wenn die Sicht durch das Dach etwas beeinträchtigt ist. Der Roller spielt in Thailand sowieso eine große Rolle. Viele Familien können sich kein Auto leisten und somit ist er das Familienfahrzeug Nummer eins. Bis zu fünf Personen gleichzeitig habe ich darauf sitzen sehen. Helmpflicht gibt es nur für den Fahrer, aber viele von ihnen tragen genauso wenig einen Helm wie die Mitfahrer. Da bleibt bei mir ein mulmiges Gefühl zurück.

Selffilled prophecy – meine Befürchtungen sind eingetroffen. Mein *Mr. Hongkong* lässt mich bereits in *Chiang Mai* im Stich. Ich kann zwar noch die Dateien öffnen, aber daran arbeiten kann ich nicht mehr. Auf welche Taste bin ich wohl gekommen? Und meine Computerfachleute sind alle weit weg. Doch Corinna kennt hier einen Kurt, der sich meiner annimmt. Wie dankbar bin ich, dass es ihn gibt! Nach langem Suchen stellt er fest, dass die Verkäufer in Hongkong das Programm nur als Probeversion installiert hatten und die Probezeit abgelaufen war. Er installiert es richtig und alles funktioniert wieder. Als ich meinen Reisebericht endlich verschicke, tauchen die nächsten Schwierigkeiten auf. Viele können die Datei mit dem neuen Wordprogramm nicht öffnen. Ich muss ein älteres Wordprogramm installieren. Aber wie geht das? Ein Mitarbeiter im Resort nimmt sich meiner an. Nun funktioniert alles, was ich brauche und ich hoffe, dass keine weiteren Probleme auftauchen.

ELEFANTENAUSRITT

Als ich erfahre, dass es in der Nähe von *Chiang Mai* mehrere Elefantencamps gibt, will ich natürlich ein solches besuchen. Ich habe noch nie Elefanten in freier Natur gesehen, was liegt also näher, als hier die Gelegenheit beim Schopf zu packen? Wir fahren zum *Maesa Elephant Camp*, da nach Corinnas Eindruck die Elefanten dort gut behandelt werden. Das Camp wurde 1976 mit fünf Tieren gegründet. Inzwischen leben dort über siebzig Elefanten.

Am Eingang kaufen wir gleich vier große Bund Bananen zum Verfüttern. Die Elefanten saugen die Bananen mit ihrem Rüssel an und schieben sie sich dann ins Maul. Nachdem meine anfängliche Angst verschwunden ist, macht es mir richtig Spaß, die Elefanten zu füttern. Ein Elefant ist so frech, dass er von Corinna gleich einen ganzen Bund wegschnappt. Sie hat nicht den Hauch einer Chance, wenigstens ein paar Bananen zu retten. Ein Elefant wartet bereits auf mich. Ich habe ihn für eine Stunde gemietet. Während sein ständiger Begleiter vorne auf dem Kopf sitzt, nehme ich auf seinem Rücken in einem Holzsitz Platz. Die Situation erinnert mich an die alten indischen Filme, in denen die Engländer auf diese Weise durch den Dschungel geritten sind. Mein Elefant, der bereits dreiunddreißig Jahre alt ist, will nicht so recht. Entweder hat er keine Lust oder Hunger. Er bleibt ständig stehen und sucht sich Elefantengras und Bambus. Von mir bekommt er hin und wieder eine Banane zugesteckt. Dazu muss er seinen

Rüssel weit nach hinten strecken, ansonsten erreiche ich ihn nicht. Aber er ist ganz scharf auf die Bananen und unterlässt deshalb keine Anstrengung. Ein Elefant braucht übrigens täglich zweihundert Kilo Nahrung! Das ist eine unglaubliche Menge, die den Camps hohe Kosten verursacht. Diese Elefanten hier dürfen vom späten Nachmittag bis zum Morgen im Dschungel ihr Futter selbst suchen. Als wir an einem Abhang entlangreiten, habe ich zum ersten Mal auf meiner Reise richtig Angst. Wenn wir hier abstürzen, wäre ich wahrscheinlich tot. Aber es passiert nichts. Als *mein* Elefant in einem Bach trinken darf, spritzt er mich sogar nass.

Nach meinem Ausritt besuchen wir ein zwei Monate altes Elefantenbaby. Ob Mensch, ob Tier, alle Babys sind einfach süß! Es bewegt sich neugierig im Gelände und sucht noch oft den Kontakt zur Mutter. Lange Zeit gab es hier keinen Nachwuchs, da die Aufzucht ein hoher Kostenfaktor ist. Die Elefantenkuh fällt während der zweijährigen Tragezeit und der Zeit des Säugens insgesamt für fast drei Jahre als Arbeitselefant aus und muss trotzdem die ganze Zeit über durchgefüttert werden. Die jungen Elefanten werden erst mit sieben Jahren zum Arbeiten eingesetzt. Ihre Ausbildungszeit zum Arbeitselefanten dauert nochmals zwei Jahre. Damit die Elefanten nicht aussterben, hat der Staat zum Teil die Kosten für den Nachwuchs übernommen.

Nicht weit entfernt befindet sich eine Elefantenmalschule. Wir können zweijährigen Elefanten beim Malen zuschauen. Wenn ich es nicht selbst gesehen hätte, ich würde es einfach nicht glauben, dass Elefanten solch ansprechende Bilder malen können. Wie bringt man ihnen das nur bei? Da könnte sogar ich meine Malkünste verbessern ...

Zum Abschluss schauen wir noch einer Elefantenshow zu. Die Tiere führen kleine akrobatische Übungen vor, malen, spielen Mundharmonika und Fußball oder werfen mit Dartpfeilen auf Luftballons. Ein Elefant führt an seinem Betreuer eine Thaimassage durch. Es ist eine kurzweilige Show ohne Anspruch auf Perfektionismus. Hier scheint es den Elefanten wirklich gut zu gehen.

WIE EIN AFFE DURCH DIE BÄUME

Seit Januar 2008 gibt es im Dschungel von Nordthailand einen Baumwipfel-Pfad. Die Besucher können sich wie Affen durch den Urwald schwingen. Auf einer Länge von zwei Kilometern sind fünfzehn Stationen zu bewältigen. Neben neun Seilfähren gibt es drei Hängebrücken und drei Abseilstationen. Ich bin froh, dass ich auf der schwäbischen Alb schon einmal in einem Hochseilgarten war, so dass ich wenigstens ein bisschen Erfahrung mitbringe.

In einer Gruppe von sechs Personen bin ich die Älteste. Nachdem wir unsere Ausrüstung angelegt und eine Einweisung erhalten haben, geht es los. Ich wage mich gleich als Erste. (Nicht weil ich besonders mutig bin, sondern damit meine Angst nicht noch größer wird.) An der ersten Station ist eine Strecke von vierzig Metern in dreißig Meter Höhe zu überwinden. Drüben angekommen, bin ich erst einmal erleichtert. Bei der zweiten Überquerung lernen wir das Bremsen mit einem Bambuswinkel. Na ja, es war nicht gerade berauschend, aber dank des Betreuers hat es doch geklappt. Bereits an der nächsten Station kommen wir zur größten Herausforderung: Wir müssen hundertdreißig Meter in sechzig Meter Höhe überwinden. Am schlimmsten ist der Start. Unterwegs kann ich den Flug sogar ein wenig genießen. Beim Landen fällt mir leider meine Bremse in den Dschungel. Der Betreuer tröstet mich: „Das ist nicht so schlimm, wir haben noch genügend." Ich warte, dass ich eine neue Bremse bekomme, aber er gibt mir keine. Wie es ohne Bremse weitergeht, erfahre ich bald. Bei jeder Station, bei der die Bremse gebraucht wird, darf ich jetzt als Tandem mit einem Betreuer zusammen auf die andere Seite fliegen. Wunderbar, so fühle ich mich wesentlich sicherer! Die Hängebrücken und das Abseilen machen mir dagegen nichts aus. Ganz zum Schluss wird es nochmal spannend, weil wir ein weiteres Mal auf fünfzig Höhenmetern zu queren haben. Die Angst kommt wieder und ich muss meinen ganzen Mut zusammennehmen, um auf die andere Seite zu kommen. Das Abseilen aus dieser Höhe macht dagegen wieder Spaß. Zwischendrin lässt mich der Betreuer fast im freien Fall nach unten schießen. Letztendlich bin ich besser durchgekommen, als ich vorher gedacht habe.

Da Corinna mit ihren Kindern auch mal hierher kommen möchte, erkundige ich mich bei unseren Betreuer: „Ab welchem Alter kann man diese Tour mitmachen?" Er meint: „Es gibt keine Altersbegrenzung. Unser ältester Teilnehmer war achtzig Jahre alt." „Unglaublich", staune ich. Dann sagt er: „Es war der König von Thailand, der dort seinen Geburtstag gefeiert hat. Auf einer Plattform haben wir ihm ein Geburtstagsständchen gesungen." Jetzt bin ich sprachlos. Er fährt fort: „Weißt du, der König ist mein größtes Vorbild." Allein vom Zuhören bekomme ich Gänsehaut. Welch besonderes Erlebnis mag es für unseren Betreuer gewesen sein.

AB IN DEN DSCHUNGEL

Als Anschlussprogramm an meine Wellness-Kur fahre ich mit einer Gruppe für drei Tage in den Dschungel. Bis auf einen Südkoreaner meines Alters könnten die anderen Teilnehmer meine Kinder sein. Wer reist denn noch mit fünfzig Jahren um die Welt? Die jungen Leute sind offen und voller Lebensenergie. Obwohl sie erst Mitte zwanzig sind, haben die meisten von ihnen schon mehrere Jahre im Ausland gelebt und gearbeitet. Sie nehmen mich aber problemlos in ihrer Mitte auf.

Zu einer Dschungeltour gehört natürlich das Elefantenreiten, auf das ich mich nach meiner ersten Erfahrung besonders freue. Dieses Mal hat jeder Elefant drei

Personen zu tragen. Während zwei Personen im Holzsitz Platz haben, muss sich die dritte Person auf den Nacken des Tieres setzen. Das ist reizvoll, aber will ich dort wirklich sitzen? Als ich einen Mann zwischen Elefant und dem Geländer der Plattform halb in der Luft hängen sehe, vergeht mir die Lust. Ich halte Ausschau, wo es für mich einen Platz im Holzsitz gibt. Dann sind ein neuseeländisches Paar und ich die Letzten. Wer von uns wird sich nun auf den Nacken setzen? Der Neuseeländer sagt ganz cool zum Elefantenbetreuer, dass *the lady from Germany* vorne sitzt und schon ist es um mich geschehen. Ich stelle jedoch gleich fest, dass das Sitzen im Nacken viel angenehmer und weicher als im Holzsitz ist, auch wenn mich die Elefantenhaare durch die Hose hindurch piksen. Wo soll ich mich nur festhalten? Eigentlich bleiben nur die Ohren, aber das getraue ich mich nicht. Ich habe Angst, dass mich der Elefant dann abwirft. Später erfahre ich, dass man sich tatsächlich an den Ohren festhält – zu spät! Ich greife mit einer Hand hinter mich an den Holzsitz und los geht es. Wenn sich unser Betreuer hin und wieder auf den Kopf setzt, fühle ich mich um einiges wohler. Gegen Ende des Ausritts

lege ich meine Hände einfach vorne auf den Kopf des Elefanten. Irgendwie habe ich diese Dickhäuter ins Herz geschlossen. Es sind einfach tolle Tiere.

Danach geht es zu Fuß weiter. Um in das Heimatdorf von *Pon*, unserem Führer, zu gelangen, müssen wir circa sechshundert bis siebenhundert Höhenmeter aufsteigen. Gleich als erste bekomme ich einen Bambuswanderstab in die Hand gedrückt. *O Gott*, denke ich, *sehe ich schon so schwächlich aus?* Doch als später alle anderen auch einen Stab bekommen, ist die Welt für mich wieder in Ordnung. Im Dorf leben hundertachtzig Menschen. Sie gehören zum Bergvolk der *Karen*, die ursprünglich aus Burma stammen. Die *Karen* sind das einzige Bergvolk, das sich auf die Abrichtung von Arbeitselefanten versteht. Abseits der Zivilisation vollziehen diese Menschen einen Spagat zwischen archaischem und modernem Leben. In den Häusern findet das Leben wie seit Jahrhunderten auf dem Boden statt. Dort wird gearbeitet, gegessen, geredet, gespielt und gesungen. Gekocht wird am offenen Feuer und als Dusche dient ein Schlauch mit kaltem Wasser. Die Kinder haben einen Fußweg von zwei Stunden zur Schule und der nächste Arzt ist genauso weit weg. Wenn eine Person schwer krank ist, wird sie wie in alten Zeiten auf einer Trage zur Behandlung gebracht. Seit einigen Jahren kommt ein Arzt etwa alle fünf Monate zur Gesundheitsvorsorge. Da es außer der Wasserleitung keine weiteren Leitungen gibt, haben Handy und Solarenergie im Ort Einzug gehalten. Fast vor jedem Haus steht ein *Paneel*, das täglich für circa zwei Stunden Strom erzeugt. Der Strom wird in erster Linie für Radio und Fernseher benutzt. Das ist die Verbindung zur Außenwelt.

Nach einem leckeren Abendessen versammeln sich die vierzig bis fünfzig Kinder des Dorfes um ein Lagerfeuer und singen uns Lieder vor. Vom Zweijährigen bis zur Sechzehnjährigen sind alle dabei. Danach sollen wir ein Lied in unserer Sprache vorsingen. Und das bei meinen Sangeskünsten! Die Südafrikanerinnen stehen mir bei und wir singen „Bruder Jakob" auf Deutsch und Französisch.

Der Dschungel ist in dieser Gegend schon lange nicht mehr gefährlich. Kein Tiger lauert hinter den Büschen, die Elefanten leben im Camp, die Schlangen haben sich zurückgezogen und auch von den Gibbonaffen bekommen wir keinen zu sehen. Dafür versuchen sich Grillen und Zikaden in ihrer Lautstärke zu übertreffen. Für uns am gefährlichsten sind die versteckten Wurzeln und der rutschige Untergrund. Beim Überqueren von Bächen und Wasserläufen auf wackeligen Holzstämmen oder

Steinen müssen wir ebenso aufpassen, wie beim Übersteigen von Holzzäunen.

Pon führt uns in die Welt des Dschungels ein. Er zeigt uns Heilkräuter, wie die *Tigerbaumblätter*, die durch Salben und Öle bekannt sind, und als Mittel gegen Kopfweh eingesetzt werden. Aus einem Bau will Pon eine große Spinne locken, doch außer ihren haarigen Beinen können wir nichts sehen. Faszinierend sind die springenden Schmetterlinge, die für mich allerdings eher wie weiße struppige Krebse aussehen. Sobald man sie berührt, hüpfen sie davon und verwandeln sich in einen Schmetterling. Damit wir unterwegs zivilisiert essen können, schnitzt Pon für jeden von uns Essstäbchen und ein Messer aus Bambus. Als es regnet macht er für uns aus großen Blättern Hüte. Diese Blätter werden auch zur Dachabdeckung verwendet. Alles hat seine Bedeutung und wird entsprechend eingesetzt.

Mit einer Bambusfloßfahrt endet unsere Tour. Das sechs bis sieben Meter lange Floß besteht aus neun zusammengebundenen Bambusstangen und kann bis zu fünf Personen tragen. Die Frauen dürfen sitzen und die Männer steuern. Egal ob wir sitzen oder stehen – keiner bleibt trocken. Trotzdem ist es nochmals ein Genuss, den Dschungel aus dieser Perspektive zu betrachten.

DER STURZ

Mit der thailändischen Bahn will ich nach Bangkok fahren. Auf dem Weg zum Bahnhof stolpere ich an einer Treppe. Mit fast zwanzig Kilo auf dem Rücken kann ich den Sturz nicht abfangen, sondern falle vornüber auf die rechte Gesichtshälfte. Wahrscheinlich hat mein Tagesrucksack, der vorne auf dem Bauch sitzt, schlimmeres verhindert. Doch ich blute aus der Nase. „Habe ich einen Schädelbasisbruch?“, frage ich mich selbst. Schnell kommen Leute angesprungen und helfen mir. „Kann mir jemand Eis zum Kühlen bringen?“, sage ich bittend. Danach bringen sie mich in die Bahnhofsstation, wo ich die aufgeschürften Stellen mit Jod behandle. Mein Auge ist in Ordnung, ich kann sehen. Einen Gedächtnisausfall hatte ich auch nicht. Also entscheide ich mich, doch meine Zugfahrt anzutreten. Ich nehme gleich Arnica zu mir, creme die betroffenen Stellen mit einer Rescue-Salbe ein und lege die Hand auf. Der Zug, der die zwei größten Städte Thailands verbindet, ähnelt in nichts einem deutschen ICE, sondern gleicht eher einem Eilzug. Für die etwas über sechshundert Kilometer lange Strecke braucht er zwölf Stunden. Doch die Fahrt führt durch eine schöne Landschaft. Frühstück, Mittagessen und Kaffee sind im Fahrpreis von dreizehn Euro enthalten. Wer will sich da noch beschweren? Die Schwellung nimmt natürlich zu, aber alles in allem ist es noch einmal gut ausgegangen. Am nächsten Tag sehe ich aus, als hätte ich einen schlimmen Boxkampf oder eine Schlägerei hinter mir. Die ganze Augenpartie ist blau und geschwollen. Ansonsten fühle ich mich ganz ordentlich. Doch ich bin unsicher, wie sich das Hämatom auf mein Auge auswirken wird, wenn ich in einer Woche im Himalaya bin. Deshalb fahre ich vorsichtshalber ins Krankenhaus. Der Arzt kann äußerlich nichts feststellen, will aber vorsichtshalber den Bereich röntgen. Auf den Bildern kann man einen Nasenbeinbruch erkennen, wobei jedoch nicht klar ist, ob der Bruch neu oder alt ist. Da ich relativ wenig Schmerzen habe, beschließe ich, dass der Bruch alt sein muss. Obwohl ich Tabletten mitbekomme, bleibe ich vorerst bei meiner alternativen Behandlung. Ich bin völlig überrascht, wie schnell das Hämatom abheilt. Nach einer Woche kann man nichts mehr davon sehen. Für mich ist das ein Wunder. Der Homöopathie sei Dank.

THAILAND UND SEIN KÖNIG

Das Wort *Thai* bedeutet *frei,* Thailand ist das *Land der Freien*. Als einziges Land in Südostasien hat es Thailand tatsächlich geschafft, nicht kolonialisiert zu werden. Außerdem ist es auch gelungen, sich der kommunistischen Bedrohung in den 1970er-Jahren zu widersetzen. So blieben die Traditionen der Thaikultur bis heute erhalten. Die Sprache ist mit ihrem Singsang in fünf verschiedenen Tonhöhen schwer zu erlernen. Für den Satz *„Neues Holz brennt nicht."* gibt es nur das Wort *mai,* das viermal in verschiedenen Tonhöhen gesprochen wird. Auch für *nah* und *weit* gibt es nur das Wort *gai*. Wehe man verwechselt die Tonlage!

König Bhumipol Adulyadej, Rama IX. wird ein unglaublich großes Ansehen in seinem Land entgegengebracht. In fast allen Häusern und Geschäften befindet sich ein Bild von ihm, auf den Straßen ist er auf Bildern oder Denkmälern sichtbar und montags tragen die Menschen sogar die königliche Farbe Gelb. Mich würde interessieren, wie es dem König selbst damit geht. Nachdem sein Bruder 1946 unter mysteriösen Umständen gestorben war, wurde er bereits mit neunzehn Jahren inthronisiert. Trotz der konstitutionellen Monarchie, die es seit 1932 in Thailand gibt, hat er sich in den fast zweiundsechzig Jahren seiner Regentschaft immer um das soziale und wirtschaftliche Wohlergehen seines Landes gekümmert. Da die Regierungen ständig wechseln, steht der König in Thailand für Tradition, Stabilität und Kontinuität. Krisengebiete hat er immer selbst besucht. Als es im Norden zu einem Aufstand der *Khmer* kam, hat er den Landlosen sogar königlichen Besitz abgegeben. Er hat dafür gesorgt, dass ein Mindestlohn eingeführt wurde und dass jeder Thailänder für zwanzig *Baht* (vierzig Cent) beim Arzt behandelt wird. Leider verlor auch der König beim Tsunami 2004 ein Familienmitglied – seinen Enkelsohn, der an zweiter Stelle der Thronfolge stand. Der Königspalast in Bangkok gehört zu den schönsten Palästen der Welt und die Besichtigung ist daher fast ein Muss. Umgeben von einer 1,9 Kilometer langen Mauer tauche ich beim Betreten der Anlage in eine fast märchenhafte Welt ein. Stupas, Pagoden (turmartiges Bauwerk, in dem wie bei der Stupa Überreste erleuchteter buddhistischer Mönche aufbewahrt werden) und Palastgebäude sind mit Gold und Ornamenten reichhaltig verziert – asiatische Kunst vom Feinsten. Störend wirken auf mich die Gebäude, die im westlichen Stil errichtet wurden. Der Tempel im königlichen Kloster gehört zu den heiligsten Plätzen Thailands. Dort befindet sich der berühmte *Smaragdbuddha*, dessen Name allerdings irreführend ist, da er aus Jade gehauen wurde. Die Wächter achten streng darauf, dass niemand seine Füße nach vorne ausstreckt. Das ist verboten. Entweder sitzt man im Schneidersitz oder auf den Knien. Leider kann ich nicht alle Bereiche des Palastes besichtigen, da an diesem Tag Zeremonien zu Ehren der in diesem Jahr verstorbenen Schwester des Königs stattfinden.

Das einzige negative Erlebnis habe ich mit einem *Tuk Tuk*-Fahrer. Er erzählt mir, dass der Königspalast oder der Tempel, den man sehen will, geschlossen sei, aber wenn ich will, fährt er mich für einen besonders günstigen Preis zu den Sehenswürdigkeiten der Stadt. Gutgläubig wie ich bin, lasse ich mich darauf ein. Zuerst fährt er mich zu zwei Tempeln. Danach bringt er mich zu verschiedenen Geschäften, da er dort Benzingutscheine bekommt, wenn er einen Kunden bringt. Er versichert mir immer wieder, dass ich nichts zu kaufen brauche. Ich benötige auch nichts und schaue mir die Geschäfte nur an. Nach dem dritten Geschäft fahren wir zur nächsten Tempelanlage weiter. Auf der Fahrt dorthin ist sein Verhalten schon ganz seltsam. Als ich dann aus dem Tempel rauskomme, ist er abgehauen. Obwohl ich ihm die zwanzig Baht noch nicht gegeben habe, bin ich stinksauer. Andererseits habe ich eine Erfahrung gemacht, die mir bereits am nächsten Tag weiterhilft, als ich wieder auf die gleiche Weise angesprochen werde. Wieder will mich ein *Tuk Tuk*-Fahrer für zwanzig Baht durch die Stadt fahren. Ich sage ihm in aggressivem Ton: „Ich bin sehr wütend auf euch *Tuk Tuk*-Fahrer." Er reagiert harmlos und sagt: „Ich will dir nur die Stadt zeigen." Resolut antworte ich: „Du kannst mich für zwanzig Baht in mein Hotel bringen und sonst nirgendwo hin." Ich rede mich in Rage und plötzlich merke ich, dass er gar nicht mehr da ist. Meine letzten Worte sind bei ihm gar nicht mehr angekommen, aber mir geht es wieder gut.

Am letzten Abend treffe ich mich mit Sophia, die ich auf dem Flug von Hongkong nach Bangkok kennengelernt habe. Wir verabreden uns zum Essen. Dabei lerne ich auch ihre amerikanische Chefin kennen. Der Abend ist sehr kurzweilig. Schade, dass es mein letzter Abend ist, sonst hätten wir bestimmt noch einiges miteinander unternommen. Es ist einfach schön, in eine fremde Stadt zu kommen und dort schon Menschen zu kennen. Auf meiner Reise habe ich inzwischen mehrmals erlebt, wie unkompliziert Kontakte sein können.

Nun heißt es Abschied nehmen von einem Land, das mir wegen der Landschaft und seiner freundlichen Menschen ausgezeichnet gefallen hat. Ich hätte gerne noch weitere Plätze kennengelernt, aber Thailand war ja nur als Zwischenurlaub vor dem nächsten Abenteuer gedacht. Da muss ich wohl einfach wiederkommen!

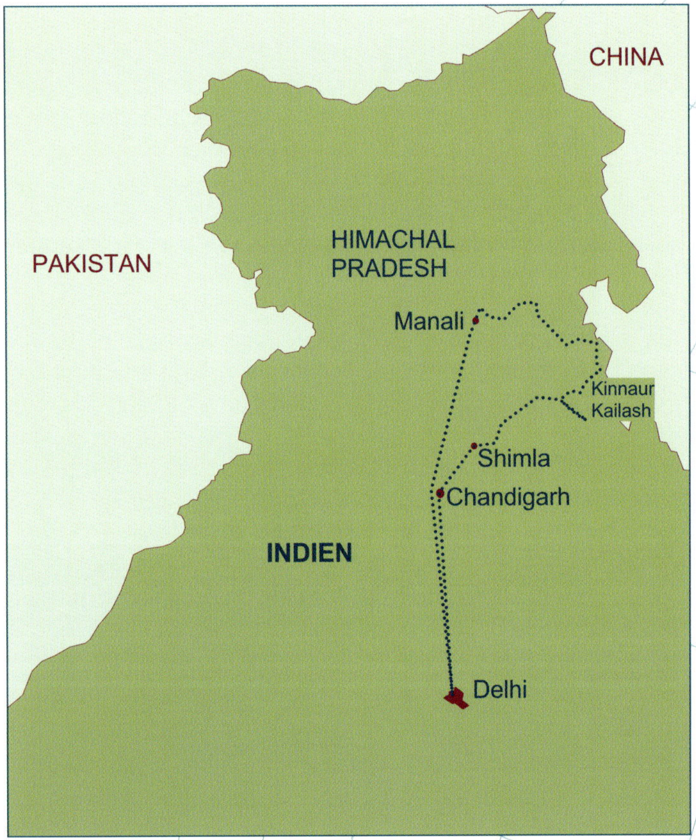
CHINA
PAKISTAN
HIMACHAL PRADESH
Manali
Kinnaur Kailash
Shimla
Chandigarh
INDIEN
Delhi

KAPITEL 9

Im Land des Himalaya

EINE TREKKING- UND KULTURREISE IN SPITI UND LAHAUL

Delhi – hier begegnet mir das Indien, wie ich es mir vorgestellt habe: Farbenfroh, laut und dreckig. Der Verkehr ist chaotisch und funktioniert trotzdem. Die Ampel ist rot, wir fahren weiter. Die anderen Autos kommen uns bedrohlich nahe – wir hupen nur. Ich warte darauf, dass es kracht, aber es passiert nichts. Die Inder fahren wie sie wollen und doch empfinde ich es nicht als aggressiv. Die Straßenhändler wollen mir ihre Ware verkaufen, aber ich brauche nichts. Sie gehen mir hinterher. Ich sage klar und deutlich *nein*. Es dauert, bis ich sie abschütteln kann. Viele betteln. Verkrüppelte, Mütter mit Babys und Kleinkindern, Alte und Kinder. Sie haben nichts und in ihren Augen bin ich schlicht reich. Dieser Anblick ist nur schwer auszuhalten. Ich habe kein Kleingeld und kann ihnen nichts geben. Oft hilft nur, den Blick stur geradeaus gerichtet weiterzugehen. Um nicht belästigt zu werden, wünsche ich mir, mich in eine indische Person verwandeln zu können. *Indien life!*

Nein, ich habe Indien nicht wirklich kennengelernt. Das Land ist so vielfältig wie es groß ist. Ich habe nur einen kleinen Eindruck vom Leben in Delhi mitbekommen, mehr nicht!

IM LAND DES HIMALAYA

Meine gebuchte Tibetreise findet nicht statt. Es heißt, dass die Chinesen die Grenzen erst nach den olympischen Spielen öffnen werden. Während ich mir überlege, was ich stattdessen machen kann, erhalte ich bereits ein Ersatzangebot: eine Trekking- und Kulturreise in *Spiti* und *Lahaul (Region im Bundesstaat Himachal Pradesh in Nordindien)*. Nach kurzer Bedenkzeit sage ich zu.

Als ich in Delhi die Gruppe treffe, bin ich überrascht, dass wir eine reine Frauengruppe sind. Ich erfahre, dass die anderen Personen der ursprünglichen Tibetreise abgesagt haben. Wir sind eine kleine Gruppe von sechs Teilnehmerinnen. *Jan*, ein Holländer, der seit über zwanzig Jahren in Indien lebt, ist unser deutschsprachiger Reiseführer. Am nächsten Tag kommt noch *Dawa* dazu. Er ist Inder und für die Organisation zuständig. Es tut mir gut, nun nach langer Zeit wieder in einer Gruppe zu reisen.

Nach einem Tag in Delhi fahren wir mit dem Zug in das *Land des Himalaya*, dem nördlichen Bundesstaat

Himachal Pradesh. Nach vier Stunden erreichen wir *Kalka*. Von dort geht es auf einer einspurigen Trasse weitere vier Stunden mit einer Minibahn, der *toy train*, in die Berge. Der Fahrer hupt die ganze Zeit. Er warnt dadurch die Menschen, die auf den Gleisen zu Fuß unterwegs sind. Das ist hier normal und stresst deshalb weder Fahrer nach Fußgänger. An einem Bahnübergang wartet eine Kuh brav neben einem Auto bis wir durchgefahren sind. Ich muss schmunzeln, denn das ist Situationskomik pur.

In den Bäumen tauchen hin und wieder Rhesusaffen auf. Nach sechsundneunzig Kilometern und hundertdrei Tunnel sind wir am Ziel. Wir sind auf 2075 Metern in *Shimla* angekommen. *Shimla* ist die Hauptstadt von *Himachal Pradesh* und war während der Kolonialzeit die Sommerresidenz der Engländer. Darum können wir in der Stadt noch eine Vielzahl altenglischer Häuser sehen. Wir besuchen auch die Residenz des ehemaligen Vizekönigs. 1945 fand dort die unter dem Namen *Shimlakonferenz* bekanntgewordene Sitzung statt, in der es um die Unabhängigkeit und Teilung Indiens ging. *Mahatma Gandhi* war stets gegen diese Teilung, konnte sich aber nicht durchsetzen. Als Indien 1947 die Unabhängigkeit erhielt, wurde *Pakistan* (Ost- und Westpakistan) gegründet.

Zum Stadtbild von *Shimla* gehören Affen. Im Hinduismus gelten sie als heilige Tiere, deshalb gibt es hier einen *Affentempel*. Beim Besuch der Anlage empfiehlt Jan unseren Brillenträgerinnen, ihre Brillen im Rucksack zu verstauen, bevor sie von den Affen gemopst werden. Wenn einem Affen der Diebstahl gelingt, rückt er die Brille in der Regel nur im Tausch gegen Süßigkeiten wieder heraus. Auch ich achte darauf, den Affen nicht zu nahe zu kommen. Ins Fotografieren vertieft merke ich nicht, dass ein Affe von hinten kommt und auf meinen Rucksack springt. Ich erschrecke gehörig, kann ihn aber abschütteln.

Dann spazieren wir durch die engen Gassen des Bazars. Scherenschleifer, Schuhputzer, Schneider, Obst-, Gemüse- und Gewürzhändler, Essstände, Haushaltswaren-, Stoff- und Kleidergeschäfte wechseln sich ab. Auch Handy- und CD-Läden fehlen nicht. Meine Blicke bleiben oft bei den Frauen in ihren farbenprächtigen Saris und Gewändern hängen. *Indien life*!

BERGDÖRFER, TEMPEL UND DER KINNER KAILASH

Zur Akklimatisation besuchen wir in den ersten Tagen interessante Bergdörfer. Sie liegen in den Seitentälern des *Sutlej* auf einer Höhe zwischen 2 100 und 3 300 Metern. Der *Sutlej* gehört zu den vier großen Flüssen, die in der Nähe des Berges *Kailash* entspringen, unserem ursprünglichen Reiseziel in Westtibet.

Die engen Serpentinenstraßen und der schlechte Belag lassen nur eine Durchschnittsgeschwindigkeit von dreißig Stundenkilometern zu. Wir sehen Zedern, Kiefern, Eichen, Kastanienbäume und blühende Jacarandas. Auch der feuerrote Flambojao ist hier zu sehen. Auf den Straßen liegen, stehen und gehen *Kühe*. Sie lassen sich trotz Huperei nicht aus der Ruhe bringen. Männer, Frauen und Kinder sitzen am Straßenrand und klopfen Steine. Andere erhitzen in Blechtonnen Teer und bessern die Straßen aus. Nicht mehr benötigte Blechtonnen werden mit Steinen oder Sand gefüllt und dienen als Randbegrenzung vor dem tiefen Abgrund. Der reißende *Sutlej* und seine Nebenflüsse werden zur Stromerzeugung genutzt. Auf der Fahrt gibt es so viel zu sehen, dass keine Langeweile aufkommt.

Von *Sarahan* aus, der ehemaligen Hauptstadt des *Bushar-Reiches* haben wir einen herrlichen Blick auf den *Himalaya*. Als der Himmel aufreißt, sehen wir die ersten schneebedeckten Sechstausender. Anziehungspunkt der Stadt ist der vierhundert Jahre alte Hindutempel mit seinen fantastischen Holzschnitzereien. Beim Besuch des Haupttempels müssen wir neben den Schuhen auch sämtliches Leder, das wir tragen, ausziehen (ich nehme an, weil die Kühe heilig sind und das Leder von getöteten Tieren stammt.) Aber das macht nichts, denn wir können den lebendigen Gesängen während der *Puja* (Feier zu Ehren der hinduistischen Götter) lauschen. Man merkt, dass die lokale Bevölkerung Touristen gewöhnt ist. Die Einheimischen haben kaum Berührungsängste und lassen sich gerne fotografieren. Die Digitalkameras sind dafür eine geniale Erfindung, weil man den Menschen gleich die Bilder zeigen kann. Oft lachen sie dann, wenn sie sich auf dem Display sehen. Die Kinder sind inzwischen so clever, dass sie uns ihre Adressen aufschreiben, damit wir ihnen die Fotos schicken können.

Das gefällt mir, das ist Geben und Nehmen. Jeder hat etwas davon.

Das Bergdorf *Chitkul* liegt auf 3300 Metern. Es ist nur einunddreißig Kilometer von der tibetischen Grenze entfernt. Wir könnten sie in zwei Tagesmärschen erreichen, aber der Grenzübergang bleibt uns verwehrt. Das Dorf wirkt auf den ersten Blick langweilig und ich frage mich, warum wir überhaupt hierher gefahren sind. Bei einem Spaziergang durch den alten Dorfkern entpuppt es sich aber dann doch als wahres Kleinod: verwinkelte Gassen, alte Holzhäuser, Tempel und mittendrin die Menschen. Männer und Frauen tragen gesammeltes Holz oder Steine auf dem Rücken. Zwei Männern kann ich beim Bearbeiten von Steinen zuschauen. Es ist bewundernswert, wie sie diese schwere Arbeit durchhalten. Frauen waschen auf Steinplatten von Hand die Kleidung. Eine Frau steht in einem Holzfass und bearbeitet die Wäsche mit ihren Füßen. Wolle wird gesponnen, gespannt, gewoben und verstrickt. Beim Beobachten der Arbeiten würde ich mich um Jahrhunderte zurückversetzt fühlen – gäbe es da nicht die Satellitenschüsseln, die an den meisten Häusern angebracht sind. Manche Häuser haben kein fließendes Wasser, keine Toilette, aber dafür einen Fernseher. Die Menschen wollen am modernen Leben teilhaben. Sie wollen genau wie wir Autos, Fernseher und Handys besitzen.

Sobald eine mit einem Auto zu befahrende Straße zu einem Dorf gebaut wird, verändert sich das Leben der Bevölkerung drastisch. Waren die Bauern bis dahin

Selbstversorger und haben alles selbst angepflanzt, was sie zum Leben brauchen, nehmen sie nun am *Big Business* teil. Jetzt pflanzen sie Monokulturen wie Äpfel, Erbsen oder Kartoffeln. Damit die Ernte ertragreich wird, müssen die Pflanzen gespritzt werden. Ein Lastwagen kommt ins Dorf, holt die Ware ab und bezahlt die Bauern. Sie haben plötzlich viel Geld. Damit kaufen sie minderwertige Lebensmittel, Autos oder bauen sich neue Häuser. Manche Bauern werden sogar Hotelbesitzer, ohne eine Ahnung vom Hotelgeschäft zu haben. Aber sie sind Teil des Tourismusgeschäfts. Die Übernachtungspreise haben manchmal europäisches Niveau, doch die Ausstattung und der Komfort lassen zu wünschen übrig. Eine überregionale indische Zeitung schrieb einmal: „Viel für wenig" (viel Geld für wenig Ausstattung). Ja, das stimmt leider. Türen klemmen, Türschlösser lassen sich schlecht öffnen, Lampen und Steckdosen funktionieren nicht, die Zimmerdecke ist verschimmelt, Wasserhähne und Toilettenbrillen wackeln, ein Badfenster ist mit Zeitungspapier zugeklebt, warmes Wasser und Strom ist auch nicht selbstverständlich. Einmal haben wir sogar Mäuse im Zimmer gehabt. Dank meiner Ohropax habe ich im Gegensatz zu den anderen nichts gehört und gut geschlafen. Ein großes Problem ist die Hellhörigkeit in den Häusern. Die Wände sind dünn wie Pappe und die Inder laut – eine ungünstige Kombination! Diese Inder reden nicht, sie schreien. Sie gehen nach uns ins Bett und stehen vor uns auf. *Indien life!*

In *Kamrun* besichtigen wir eine alte Festungsanlage und in *Sangla* einen buddhistischen Tempel. Nach seiner Renovierung wurde er 2006 vom Dalai Lama eingeweiht. Ein großes Ereignis für die Menschen in dieser Gegend. Von *Kalpa* aus haben wir einen fantastischen Blick auf die Schneeberge des *Kinner Kailash*. Das Gebirgsmassiv gilt als heiliger Berg und darf nicht bestiegen werden. Der Überlieferung nach residiert Gott *Shiva* in den Sommermonaten auf dem *indischen Kinner Kailash* und in den Wintermonaten auf dem *tibetischen Kailash*.

„Warum bin ich hier? Was suche ich hier? Das verlorene Paradies? *Shangri-La*?", frage ich mich verstohlen. Nein, das ist nicht der Grund meiner Reise. Ich weiß aber eigentlich keine richtige Antwort darauf. Vielleicht ist es der Himalaya. Die Berge haben mich schon bei meiner ersten Tibetreise vor elf Jahren in ihren Bann gezogen. Vielleicht sind es auch die Menschen, die eine große Ruhe ausstrahlen. Über was machen sie sich Gedanken? Sind ihre und meine Gedanken ähnlich? Ich erfahre es nicht, wir können uns nicht darüber austauschen. Als ich Dawa danach frage, erzählt er mir: „Die Menschen machen sich über das Morgen wenig oder keine Gedanken, sie leben im Gegensatz zu uns Europäern viel stärker im Hier und Jetzt." Einmal treffe ich eine Bergfrau, die Englisch spricht. Sie geht ein Stück des Weges mit mir und fragt mich: „Wie gefällt es dir hier im Himalaya?" Noch bevor ich antworten kann, spricht sie weiter: „Bei uns hier ist es so friedlich." Wie recht sie hat! Ja, hier in den Bergen kann ich Ruhe, Gelassenheit und Frieden finden. Hier kann ich einfach nur *sein*, wobei das gar nicht so einfach ist, denn meine Gedanken tanzen durch innere und äußere Welten. Darum finde ich den folgenden Satz so passend:

„Du musst überhaupt nichts tun.
Nirgendwohin gehen, nichts tun.
Sei in Eintracht mit den Dingen,
so wie sie sind, entspanne dich, lass los."

DIE LUFT WIRD DÜNNER

Es ist die erste Nacht im Zelt. Morgen beginnt unser Trekking. Ich wache auf, weil ich den Regen wahrnehme. Fast die ganze Nacht hindurch regnet es. *O je*, denke ich. *Was ist, wenn es tagsüber so weitergeht?* Ich habe Angst, dass trotz meiner guten Ausrüstung die Kleidung bereits am ersten Tag durchnässt wird. Und dann? So verfroren wie ich bin, ist schon allein die Vorstellung ein Horror. Doch jetzt heißt es erst einmal abwarten. Beim Packen regnet es nur noch leicht und als wir losgehen, hat der Wettergott ein Einsehen mit uns und es hört auf.

Jan teilt uns ein paar Verhaltensregeln mit: „Sobald ihr Tieren begegnet, geht an ihnen an der Hang- und nicht an der Talseite vorbei. Man weiß nie, wie sie reagieren. Springt beim Überqueren von Gletscherflüssen bitte nicht auf die Steine. Wenn sie wackeln, wäre ein Sturz ins eiskalte Wasser unvermeidbar. Und noch eine ganz wichtige Regel will ich euch sagen: Geht langsam und gleichmäßig. Das richtige Tempo ist in den Bergen enorm wichtig."

Die Natur ist aus ihrem Winterschlaf erwacht und wir sehen viele uns bekannte Pflanzen: Sumpfdotterblumen, Anemonen, Sauerampfer, Klee, Rhododendren, wilde Iris, wilde Erdbeeren und wilden Thymian. Das Farbenspiel der Bäume ist um diese Jahreszeit besonders schön. Die Laubbäume haben gerade ausgeschlagen und dazwischen schauen die immergrünen dunklen Nadelbäume hervor. Nach etwa sechs Stunden erreichen wir unser Camp. Umgeben von Schneebergen und schroffen Felsen lagern wir an einem Fluss. Die Landschaft im Tal wirkt auf mich mit ihren Grasflächen, Bäumen und verstreuten Felsbrocken wie ein wunderschöner Naturpark. Es gibt es doch noch, das Paradies, wenn auch nur für eine Nacht.

Ein Flusserlebnis darf anscheinend nicht fehlen. Jan hat uns zwar vor wackeligen Steinen gewarnt, dass es mich aber beim Füßewaschen am Flussufer erwischt, hätte ich nicht gedacht. Als ich mich auf einen flachen Stein setze, verliere ich das Gleichgewicht. Mein Rettungsmanöver hält mich zwar davon ab, dass ich ganz im Wasser lande, aber die Beine samt Hose und mein rechter Arm sind durchnässt. Durch den kleinen Schock spüre ich die Kälte kaum und ich kann mich ja auch gleich umziehen.

Auf der Tour haben wir ein Küchenteam von drei Personen dabei. *Amchi* als Koch sowie *Anchuk* und *Nawang* als Helfer. Sie wecken uns jeden Morgen mit Kaffee und Tee am Zelt. Welch ein Genuss! Nach dem Trekking bringen sie uns gleich eine warme Nudelsuppe und abends verwöhnt *Amchi* uns mit vielen leckeren, meist vegetarischen Gerichten. Für den Transport der Zelte, Schlafmatten und Rucksäcke sind zwei sogenannte *Horsemen* mit neun Lastpferden zuständig. Sie haben außerdem noch fünf Jungtiere dabei. *Amchi* ist nicht nur unser Koch, sondern auch tibetischer Arzt. Deshalb kümmert er sich um mein regelmäßiges Nasenbluten. Die Pulsdiagnose ist in Ordnung, trotzdem gibt er mir Kügelchen, die ich täglich nehmen soll. Maike, mit der ich Zimmer und Zelt teile, ist zudem noch Apothekerin. Sie berät oft die gesamte Gruppe und sorgt dadurch für Beruhigung.

In der Nacht regnet es wieder, aber am Morgen strahlt die Sonne. Wir steigen über die Baumgrenze hinaus auf. Mein Kreislauf schwächelt, mir ist leicht schwindelig. Mit

Cola, Schokolade und Traubenzucker stärke ich mich – danach geht es mir tatsächlich besser. In einem Hochtal angekommen, öffnet der Himmel seine Schleusen. Aber nicht nur von oben bekommen wir die Nässe zu spüren, an diesem Tag haben wir auch einige Gletscherflüsse zu durchqueren. Die ersten Flussbette sind noch recht flach und wir können unsere Wanderschuhe anlassen. Dann werden die Flüsse reißender und tiefer. Das bedeutet Hosen hochkrempeln und Badesandalen anziehen. In Viererketten passieren wir die eiskalte starke Strömung, die uns bis über die Knie geht. Wir sind heilfroh, nachdem wir den letzten Fluss überquert haben und nichts passiert ist.

Nur der Regen ist bei diesen niedrigen Temperaturen unangenehm und unsere Laune hält sich daher in Grenzen. Das Lager liegt auf 3 900 Metern Höhe und ich komme beim Aufstieg an meine körperlichen Grenzen. Doch irgendwann habe ich meinen eigenen Rhythmus heraus. Wie froh bin ich, als ich ankomme und mich ins Zelt fallen lassen kann. Der Regen hat bereits beim letzten Anstieg aufgehört und wir genießen die von der Sonne angestrahlten Schneeberge. Einfach nur *sein*, nichts tun, loslassen und eintauchen in die Berglandschaft! Das ist jetzt das Richtige.

Der dritte Trekkingtag ist mit dem *Bhabhajot-Pass* auf 4 800 Metern Höhe unsere Königsetappe. Es ist nicht nur die Höhe, die uns herausfordert, sondern auch der steile Aufstieg. Ich habe etwas Angst davor. Seit meiner Lungenerkrankung vor zwei Jahren ist meine Atemfunktion eingeschränkt, was sich vor allem bei den Aufstiegen bemerkbar macht. Da komme ich schnell in Atemnot. Darum nehme ich heute vorbeugend mein Asthmaspray und zur Kreislaufstabilisierung Tabletten. Ich weiß, dass ich in meinem ganz eigenen Rhythmus gehen muss,

wenn ich oben ankommen will. So gehe ich langsam – und komme trotzdem in Atemnot. *Dawa* nimmt mir meinen Rucksack ab. Das hilft mir enorm. Doch ich muss noch langsamer gehen. Meine Erfahrungen von Chile und die Gehmeditationen von Thailand helfen mir. Meine Schritte werden so kurz wie meine Schuhe und jeder Schritt wird in Zeitlupe ausgeführt. Ich beginne zu experimentieren. Wie langsam muss ich gehen, damit ich mich wohlfühle? Das Gehen wird zur Meditation und die Erfahrung geht tief. Stehenbleiben ist dagegen Gift, weil danach die ersten fünf bis zehn Minuten wieder zur Plagerei werden. Nach vier Stunden haben wir es geschafft: Wir sind auf dem Pass und haben eine fantastische Aussicht. *Dawa* lässt uns auf den Gebetsfahnen unterschreiben, bevor er sie aufhängt. Wir freuen uns über unsere Leistung und machen Fotos.

Wie beim Aufstieg müssen wir auch beim Abstieg den längsten Teil über ein Schneefeld gehen. Es verlockt zum Hinunterrutschen, aber ich habe keine Unterlage dabei. Am Camp angekommen sind wir erschöpft und zufrieden zugleich. Nur Annelie, unsere Älteste, ist kräftemäßig am Ende. Die Höhe bereitet ihr große Probleme.

Auch bei uns anderen macht sich die Höhe bemerkbar. Neben den Atem- und Kreislaufproblemen sind meine Lippen stark geschwollen und an vielen Fingern ist die Haut aufgeplatzt.

Trotz der großen Anstrengung am Vortag wache ich am nächsten Morgen früh auf. Es zieht mich nach draußen. Ich will die Berge sehen. Zu meiner Überraschung ziehen auf unserem Pfad zwei große *Yakkarawanen* vorbei, die in die entgegengesetzte Richtung unterwegs sind. Die Stimmung ist unbeschreiblich. Ich komme mir wie in einer anderen Welt vor. Nach dem Frühstück geht es auch für uns weiter. Als wir vom Tal auf unseren Pfad zurückkommen, liegt eine traumhafte Landschaft vor uns. Ich bin sprachlos. Der Anblick trifft mich mitten ins Herz und mir kommen die Tränen. Im Tal fließt der *Pinfluss*, umgeben von einer Vielzahl an Felsformationen in wechselnden Farben. Manche Felsen sind grasbewachsen, andere kahl. Auf den Bergspitzen liegt noch der letzte Schnee. So muss das Paradies sein. Es fällt mir schwer, weiterzugehen und ich bleibe immer wieder stehen oder setze mich für einige Momente. Fotografieren kann ich nicht.

Vielleicht passen die Worte von *Lama Anagarika Govinda* (*Der Weg der weißen Wolken, Fischer Taschenbuch, 2009*) am besten zu dem, was ich gerade empfinde:

„In der großen Stille der unberührten Natur,
fern von menschlicher Geschäftigkeit,
unter offenem Himmel
und umgeben von einer Traumlandschaft,
deren Farben den Juwelenbergen
eines mythischen Paradieses gleichen,
fühle ich mich in Frieden
mit mir selbst
und der Welt!“

In einer Senke stoßen wir auf eine große Schaf- und Ziegenherde – ein weiteres Idyll an diesem Tag. Wir kommen an einen Gletscherfluss, der recht tief ist. Als Brücke gibt es nur zwei Baumstämme. Zum Darüberbalancieren sind sie zu wackelig; der Fluss darunter ist zu reißend. Ich schlage vor, über die Baumstämme im Sitzen zu rutschen. Gesagt, getan. Leider reiße ich mir dabei ein Loch in meine Hose. Na ja – sie hat zehn Jahre lang ihren Dienst getan und darf nun getrost ausgemustert werden. Alles ist vergänglich. Zum ersten Mal sehe ich auf unserem Weg auch *Edelweiß*. Was bei uns selten ist, wächst hier in großen Mengen. Dazu begleitet uns der intensive Duft des wilden Thymians.

Am letzten Tag gehen wir auf einer Autopiste nach *Kungri*. Es hat in der Nacht stark geregnet und der Weg auf dem Pfad und über den Fluss wäre zu gefährlich. Nach fünf Tagen Abgeschiedenheit, während denen wir nur einige Schaf- und Ziegenhirten gesehen haben, erreichen wir wieder Dörfer und Menschen.

DIE KLÖSTER VON SPITI UND LAHAUL

In *Spiti* und *Lahaul* sind die Häuser im typisch tibetischen Stil gebaut: zweistöckige Flachdachhäuser, weiß gekalkt, die Fenster schwarz umrahmt, und unter dem Dach ist oft ein roter Streifen zu sehen. Die rote Farbe soll den bösen Geistern signalisieren, dass dieses Haus bereits besetzt ist. So wollen die Menschen die Geister austricksen.

Auf den meisten Dächern liegt am Rand Brennmaterial und an den Ecken wehen Gebetsfahnen. Außerdem befindet sich auf jedem Dach ein Paneel, um Strom zu erzeugen und auch fast überall die *Tata Sky*, die Satellitenschüssel fürs Fernsehen.

In *Kungri* besuchen wir ein Männer- und ein Frauenkloster. Die *Puja* im Männerkloster finde ich langweilig. Obwohl das Gemurmel im Frauenkloster nicht viel anders klingt, bin ich wegen der anderen Atmosphäre ganz dabei. Im Anschluss werden wir von den Frauen zum Frühstück eingeladen. Wir sitzen aneinandergereiht auf Matratzen. Vor uns stehen Kisten, die als Tische verwendet werden. So nehmen wir das Frühstück ein, während uns die Nonnen dabei zuschauen. Was mag wohl in ihren Köpfen vorgehen?

Nonnen auf dem Weg zum Kloster

Sechzig Kilometer weiter kommen wir nach *Tabo*. Das 1 012 Jahre alte Kloster ist Weltkulturerbe und befindet sich recht unauffällig mitten im Dorf. Während in Tibet vieles zerstört wurde, sind hier noch die alten Wandmalereien und Skulpturen erhalten. Wir können mehrere Räume besichtigen. *Dhankar* dagegen ist eine alte Klosterfestung auf einem Berg.

Hier können wir alte Holzschnitzereien, *Thankas* (Rollbilder, auf denen buddhistische Inhalte wiedergegeben werden), und zum ersten Mal auch Masken bestaunen. Das letzte Kloster in *Lalung* wirkt von außen eher klein und unscheinbar, aber innen entpuppt es sich als wahre Schatzgrube. Es stammt aus der gleichen Epoche wie Tabo und hat wunderbare Skulpturen. Besonders schön sind die einundzwanzig Taras, die an den Seiten sitzen. Ich kann nur staunen.

Der tibetische Buddhismus ist bunt. Wandmalereien, Thankas, Buddhas und Skulpturen geben ein farbenprächtiges Bild ab. Manchmal sehen wir über den Buddhas Lichterketten hängen. Das wirkt in diesen Räumen befremdlich, aber es ist modern. Da für die Mönche alles vergänglich ist, ist es vielleicht egal, ob die Dinge alt oder neu sind. Alles in allem bleibt für mich aber das *tibetisch-buddhistische Pantheon* ein Buch mit sieben Siegeln und doch finde ich Parallelen zum Christentum: In den *Gompas* sehe ich Buddhas, Bodhisattvas, Rinpoches, Taras, Dakinis (Himmelswandlerinnen – erleuchtete Weisheitswesen aus Tibet, die das Spirituelle in die Welt bringen) und die Lebensgeschichte Buddhas. In den Kirchen und Klöstern sehe ich Christus, die Apostel, Engelsfiguren, Heilige, Päpste, Könige und die Lebensgeschichte von Jesus.

WIEDER AUF SCHUSTERS RAPPEN

Von *Lalung* aus starten wir unser dreitägiges Trekking. *Demul* liegt auf 4150 Meter, das heißt wir haben wieder sechshundert bis siebenhundert Höhenmeter zu bewältigen. Obwohl es sicher anstrengend wird, freue ich mich schon auf den steilen Anstieg, da ich beim Gehen wieder experimentieren kann. Ich mache eine ähnliche Erfahrung wie beim ersten Pass. Von unserem Camp aus können wir ein weiteres Mal die Bergwelt bestaunen. Dieses Mal werden wir sogar mit einem Regenbogen belohnt. Wenn es möglich war, haben wir beim Trekking abends in der Natur meditiert. Dieser Platz hier bietet sich auch dafür an. Wir sitzen an einem Grashang. Vor uns gelbblühende Blümchen, Trockenmauern, Terrassenfelder und die Berge, die von der untergehenden Sonne angestrahlt werden. Die Wolken scheinen die Bergspitzen sanft zu berühren. Eigentlich ein besonderer Platz zum Meditieren, wären da nicht die vielen Geräusche. Ich entscheide mich, sie als Meditationsgegenstand zu nehmen. Es ist unglaublich, was ich alles höre: Steine werden geladen, Traktoren- und Autogeräusche, ein Baby schreit, Kinder spielen, Männer unterhalten sich, einer räuspert sich, ein Ochse grunzt, Schafe blöcken, Vögel singen, mein Knie kracht, meinen Pulsschlag kann ich *hören*. Ich bin erstaunt über die Vielzahl der Geräusche, die ich hier wahrnehme. Was für eine friedliche Welt voller Leben.

Am nächsten Tag folgt die Belohnung für den anstrengenden Aufstieg. Zuerst müssen wir noch über den *Yangpa-Pass* auf 4600 Meter, aber danach wartet ein unglaubliches Panorama auf uns, das wir fast den ganzen Tag über genießen können. Die weißen Wolken, die klare Sicht und die intensiven Farben erstaunen mich jeden Tag aufs Neue. Es ist jedes Mal, als ob ich es zum ersten Mal sehen würde. Bei einem Hirten bekommen wir *Buttertee* und *Yakkäse* zum Probieren. Manche von uns suchen und finden Fossilien. Ich habe kein Glück, aber das ist nicht schlimm. Später schenkt mir Maike einen Stein mit einem Löwenkopf – mein Sternzeichen! So bringe ich doch noch ein besonderes Fossil mit. Es ist Vollmond und die Nacht ist kalt. Unsere Crew hat einen Wolf auf dem Gelände gesehen. Welche Erleichterung, dass ich nicht zur Toilette musste. Unser letzter Trekkingtag ist kurz und gemütlich. Es geht nur bergab und wir haben Zeit zum Relaxen.

RÜCKKEHR IN DIE ZIVILISATION

Mit Wehmut verlassen wir unser Camp. Die schöne Zeit im Zelt ist bis auf eine Nacht im *Lahaultal* vorbei. Ein wenig freue ich mich schon auf das Hotel. Statt des Waschens am Gletscherfluss und an der Wasserpumpe wartet eine warme Dusche und Strom zum Akkuladen auf uns. Bei der Ankunft erfolgt allerdings die Ernüchterung. Es gibt im Augenblick leider keinen Strom. Wir können weder Akkus laden noch warm duschen. Doch kalt zu duschen, ist für mich die Höchststrafe, das geht gar nicht. Ein Angestellter bringt einen großen Eimer mit warmem Wasser und einen Becher und so wasche ich mich wie in alten Zeiten. Mit dem Restwasser kann ich dann sogar noch meine Wäsche waschen.

In fünf Kilometer Entfernung besuchen wir den Ort *Kaza*, die Distrikt-Hauptstadt von *Spiti* und *Lahaul*. Der Ort wirkt abstoßend. Im neuen Stadtteil stehen die grauen Regierungsgebäude, die man sofort an den Wellblechdächern erkennt. Der alte Stadtteil ist dreckig und verbreitet unangenehme Gerüche. Das einzige Plus ist ein funktionierendes Internetcafé. Es ist zwar langsam, aber wir können nach drei Wochen wieder Kontakt zur Außenwelt aufnehmen.

Für den Abend hat *Amchi* eine Tanzvorführung in unserem Hotel organisiert. Seine Frau stammt aus einem Nachbardorf und so konnte er die Frauen motivieren, uns ihre Tänze zu zeigen. Sie tragen wunderschöne Trachten und wertvolle Schmuckgegenstände. Zwei Männer und eine Frau spielen Instrumente, die Frauen tanzen und singen zu den Klängen. Beim dritten und vierten Tanz holen sie uns auf die Tanzfläche und wir reihen uns ein. Mich reizt es, die Schritt- und Handbewegungen der

Frauen nachzuahmen. Es gelingt mir unterschiedlich gut, aber es macht viel Spaß.

Am nächsten Tag besuchen wir *Kye-Gompa*, ein Kloster, das auf einen Berg gebaut wurde und weit sichtbar ins Tal ragt. Wir steigen bis auf das Dach der *Gompa* hinauf und haben einen fantastischen Blick ins *Spitital*. Hier im Kloster leben circa achtzig Mönche, die alle aus dem *Spitital* kommen. Die Familien geben oft einen Sohn ans Kloster. Die jüngsten Mönche sind sechs Jahre alt. Nach der Schule können wir ihre Unterkünfte besichtigen. Es sind kleine niedrige Räume mit einem Fenster. In den meisten Räumen schlafen vier bis fünf Mönche auf Matratzen auf dem Boden. Bis auf ein paar kleine Metallkisten gibt es keine weiteren Gegenstände in den Räumen. Auch im Kloster hat *Amchi* eine Veranstaltung organisiert. Sein Sohn ist ein anerkannter *Tulku* (eine als Wiedergeburt eines früheren Meisters anerkannte Person), ein wiedergeborener *Rinpoche* (Titel von Inkarnationen und hohen Lamas) deshalb hat er gute Kontake zum *Rinpoche* des Klosters. Sechs Mönche führen einen rituellen Tanz – den *Cham* – auf. Der komplette *Cham* beinhaltet dreizehn Tänze. Für uns werden drei Tänze aufgeführt. Die Mönche tragen dabei eine besondere Kleidung und Masken. Diese Tänze werden nur einmal im Jahr aufgeführt. Dank *Amchi* finden sie an unserem Besuchstag statt!

Für die hundertundneunzig Kilometer lange Fahrt nach *Manali* haben wir zwei Tage eingeplant. Die Straßen sind schlecht und wir müssen zwei Pässe überqueren. Beide Pässe sind im Winter sechs bis sieben Monate lang gesperrt. Wie schon in den letzten Wochen sehen wir entlang der Straßen Menschen beim Steineklopfen oder Teeren. Alles geschieht in Handarbeit. Auf nationalen Straßen sind es meist *Biharis* und *Nepalis*, die angeheuert werden, auf regionalen Straßen sind es Einheimische. Die Mütter bringen ihre Babys und Kleinkinder zur Arbeit mit und legen sie unter eine Decke oder einen Regenschirm. Haben die Babys Hunger, werden sie gestillt und dann wieder an die Seite gelegt. Für mich ist dieser Anblick jedes Mal schrecklich, aber hier ist es schlicht die Realität. Interessant ist auch die Technik des Hausbaus zu beobachten. Zuerst werden die Holzrahmen für Türen und Fenster eingesetzt und dann wird darum herum gemauert.

Beim Anstieg zum 4551 Meter hohen *Kunzum-Pass* warnen uns entgegenkommende Autos, dass ein Lastwagen ohne funktionierende Bremsen unterwegs sei. Wir bleiben am Rand stehen und warten. Vermutlich benutzt er den ersten Gang, aber auf diesen Straßen ist das lebensgefährlich und unverantwortlich. Doch er kommt gut unten an. Unterwegs sehen wir eine *Yakherde* von fünfzig bis sechzig großen männlichen Tieren, sowie mehrere Schaf- und Ziegenherden. Manche kommen uns auf der Straße entgegen und wir müssen mitten durch. Auf dem Pass haben wir wieder eine herrliche Aussicht auf die Berge. Zum ersten Mal sehen wir auch Gletscher. Aber der Wind pfeift uns ganz schön um die Ohren und wir schauen, dass wir weiterkommen. Den Pass hinunter halten uns wieder entgegenkommende Autos und Motorräder an. Dieses Mal überbringen sie Nachrichten von unserer Küchencrew, die bereits vorausgefahren ist. So funktioniert eben im Himalaya, im technischen Niemandsland, die Nachrichtenübermittlung!

Die Straße lässt bis auf wenige Ausnahmen eine maximale Geschwindigkeit von fünfzehn bis zwanzig Stundenkilometern zu. Oft fließt Schmelzwasser über die Straße und wir können nur im Schritttempo fahren. Vor zwölf Tagen war die Straße wegen des starken Schmelzwassers gar nicht passierbar. Damit muss man hier jederzeit rechnen. An unübersichtlichen Stellen ist auf die Felsen eine Hupe gemalt. Sie fordert den Fahrer zum Hupen auf, damit der mögliche Gegenverkehr gewarnt ist. Manchmal steht auf den Felsen *Drive slowly* oder *dangerous*. Einmal lesen wir sogar den Satz: *Das Leben ist kurz, mach es nicht noch kürzer.*

Nach sieben Stunden und hundert Kilometern haben wir unseren Lagerplatz im *Lahaultal* erreicht. Es ist ein wildes, wunderschönes Tal. Die Berge sind hauptsächlich grau, manchmal schimmern sie grünlich. Wo es der Fels zulässt, wächst Gras. Die Gipfel sind mit Schnee bedeckt und dazwischen schauen an einigen Stellen die Gletscher hindurch. In den Tälern und an den Abhängen liegen Steine und Felsbrocken in den unterschiedlichsten Farben. Manche sind über fünf Meter hoch. Blumen leuchten in Weiß, Gelb, Blau und Lila. Dazwischen fließt der reißende *Chandrafluss*. Die Landschaft wirkt auf mich faszinierend und atemberaubend, aber zugleich auch lebensfeindlich.

Am nächsten Tag wird die Landschaft lieblicher und grüner. In der Sonne schmilzt der Schnee stark und überflutet immer wieder die Straßen. Zum 4000 Meter hohen *Rohtang-Pass* hinauf ist die Straße größtenteils asphaltiert. Trotzdem können wir nicht schneller als zwanzig bis dreißig Stundenkilometer fahren. Auf dem Pass erleben wir *Klein-Disneyland*. Die Inder wollen Schnee sehen und fahren mit ihren kleinen PKW von *Manali* kommend auf den Pass. Das erweist sich als ein schwieriges Unterfangen, denn ihre Autos sind für diese Straßen nicht geeignet und die Erdrutsche tun ein Übriges. Oft stehen sie stundenlang im Stau, bis sie oben ankommen. Als wir den Pass von der anderen Richtung kommend erreichen, ist die Hölle los. Die Inder leihen sich unechte Pelzmäntel, Gummistiefel und Schneeanzüge aus. Sie versuchen sich auf Skiern zu bewegen oder lassen sich auf hölzernen Skibobs durch den Schnee schieben. Sie lassen sich mit einem Angorakaninchen auf dem Arm oder auf einem Yak sitzend fotografieren. Von der rauen Natur des Himalaya kommend, habe ich das Gefühl, mitten in einem Satirefilm gelandet zu sein. *Indien life!*

Auf kurvenreichen Straßen fahren wir in das grünbewaldete *Beastal* hinab. Hier haben wir unsere erste Reifenpanne. Eigentlich ist es ein Wunder, dass wir bei diesen Straßenverhältnissen so lange keine einzige Panne hatten. Wieder im Auto kommen wir nicht weit. Die Straße ist dicht, die Autoschlange mehrere Kilometer lang. Wir entscheiden uns, nicht im Auto zu warten, sondern über die Hänge abzusteigen. Nach circa fünfhundert Höhenmetern erreichen wir ein Dorf. Dort erhalten wir die Nachricht, dass unsere Autos durch seien und nach etwa zwei Stunden sitzen wir wieder im Auto.

In *Manali* prasselt das volle Leben auf uns ein. In erster Linie ist es laut. Autos, Tuk Tuks, Motorräder, Kühe und Esel, Einheimische und Touristen, Sadhus und bettelnde Kinder – alles ist auf der Straße. Im Bazar reiht sich ein Geschäft ans nächste, bei jedem sollen wir etwas kaufen. Während *Manali* früher nur ein Ort für Aussteiger und Heilsuchende war, ist es in den letzten Jahren für die Inder zu einem beliebten Feriendomizil geworden. Ich bin froh, dass unser Hotel etwas außerhalb liegt, aber die Zivilisation hat uns wieder – mit allen ihren Vor- und Nachteilen. Wir gehen shoppen – was auch sonst – besuchen Dawa und Jans Familie und machen einen Tagesausflug ins *Rörichmuseum*. Nikolai Rörich war russischer Künstler, Schriftsteller, Philosoph, Archä-

ologe und Reisender und lebte mit seiner Familie in den Bergen Manalis. Er startete eine Bewegung zum Schutz von historischen Gebäuden.

Auf der Fahrt können wir die moderne Art des Dreschens beobachten. Die Bauern legen ihren Weizen oder Reis auf die Straße und lassen die Autos darüberfahren. Die Idee ist eigentlich gut, wären da nicht die Abgase. Drei Tage Manali sind mehr als genug. Mit dem Nachtbus fahren wir nach *Delhi* weiter. Dort verbringen wir noch einen Tag gemeinsam. Während die anderen nach Hause fliegen, habe ich zwei weitere Tage, die ich zum Schreiben, Wäschewaschen und Emails erledigen nutze.

Das Kapitel *Indien* ist abgeschlossen. Es ist ein Land voller Gegensätze und ein Land, das von der Improvisation lebt. Manches funktioniert, vieles nicht. Der Kontrast zwischen Arm und Reich ist größer als in jedem anderen Land, in dem ich bisher war. Auch die Mentalität der Inder bleibt mir fremd. In ihren Augen sind weiße Menschen die besseren. Sie cremen sich ein, damit ihre Haut hell bleibt bzw. heller wird. Beginnt jemand mit einem Geschäft, bleibt ihm nichts anderes übrig, als seine Familie zu beschäftigen. Es kommt nicht auf die Fähigkeiten an, sondern auf die Beziehung. Jan erzählt, dass er vieles erst verstanden hat, nachdem er eine Inderin geheiratet und Einblick in das indische Familienleben bekommen hat. Aber

wie verhalte ich mich? Wenn mir in den Bergdörfern zweijährige Kinder entgegenkommen und als einzigen Wortschatz *one foto* oder *one chocolate* rufen, dann macht mich das schon nachdenklich. Natürlich freue ich mich, wenn ich sie fotografieren kann, aber dann??? Es geht nicht darum, wie viel *ich* und wie wenig *sie* haben. Was hilft den Menschen und was schadet ihnen? Eine schwierige, aber für mich wichtige Frage.

Abschließen möchte ich mit einem Text von *Thich Nhat Hanh*, der für mich sehr gut nach Indien passt:

Leben ist voll von Leiden,
aber auch voller Wunder
wie dem blauen Himmel,
dem Sonnenschein,
den Augen eines Babys.
Es genügt nicht, zu leiden.
Wir müssen auch mit den Wundern
des Lebens in Verbindung treten.
Sie sind in uns und rings um uns herum,
überall, jederzeit.

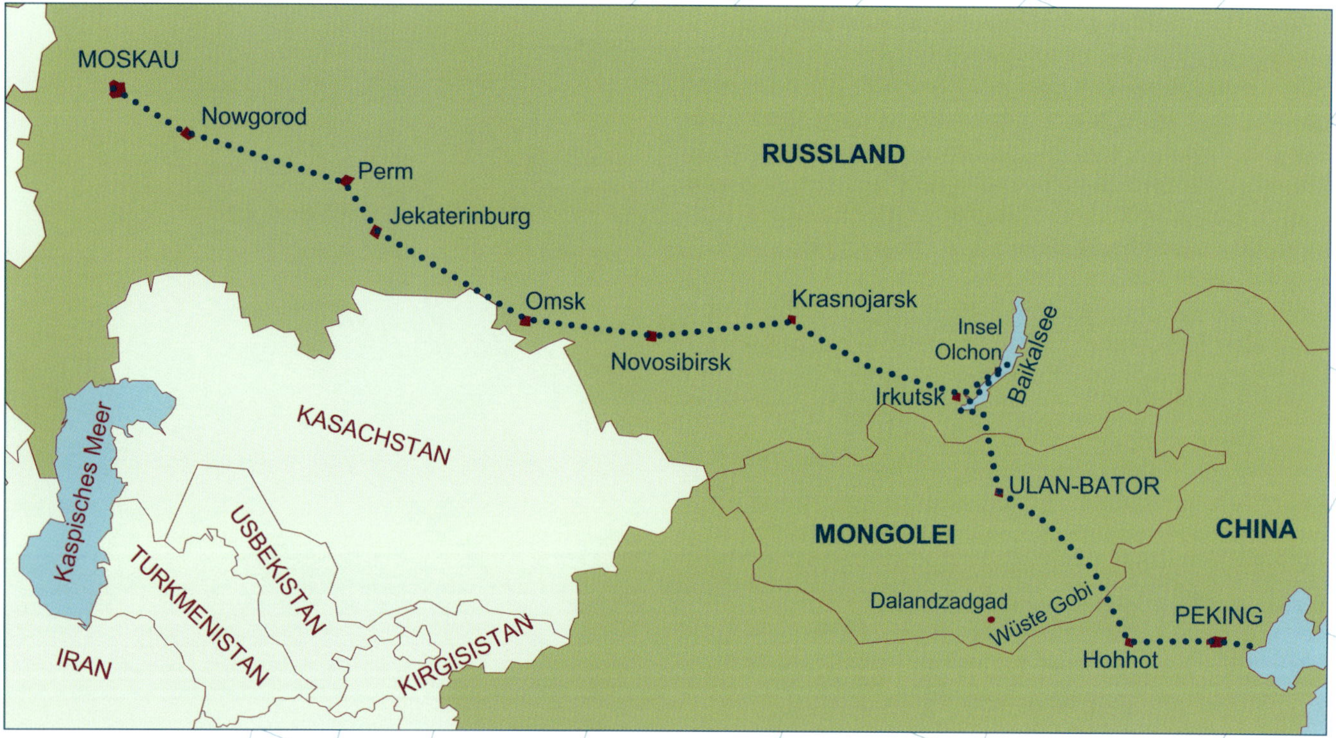
MOSKAU
Nowgorod
Perm
Jekaterinburg
RUSSLAND
Omsk
Krasnojarsk
Novosibirsk
Insel
Olchon
Baikalsee
Irkutsk
KASACHSTAN
Kaspisches Meer
USBEKISTAN
TURKMENISTAN
ULAN-BATOR
MONGOLEI
CHINA
Dalandzadgad
Wüste Gobi
PEKING
Hohhot
KIRGISISTAN
IRAN

KAPITEL 10

Die große Fahrt

MIT DER TRANSSIBIRISCHEN EISENBAHN VON PEKING NACH MOSKAU

Peking ist der Ausgangspunkt meiner Fahrt mit der *Transsibirischen Eisenbahn*. Das war für mich der einzige Grund, in diese Stadt zu kommen. Da ich nun schon einmal hier bin, will ich die Stadt und ihre Umgebung aber auch kennenlernen. Immerhin hat sie eine lange historische Vergangenheit und ist seit Mitte des 13. Jahrhunderts ununterbrochen die Hauptstadt Chinas.

DAS ALTE PEKING DER KAISERDYNASTIEN

Mein Besichtigungsprogramm beginnt mit einer Tour zu den *Minggräbern* und zur *Großen Mauer*.

Von den sechzehn Kaisern der *Ming-Dynastie* (1368–1644) sind dreizehn auf diesem Friedhof begraben. Im größten Grab liegt der dritte Kaiser der Ming-Dynastie, der auch den Kaiserpalast in Peking erbauen ließ. Das Besondere an der schlichten Halle sind die einzigen noch erhaltenen, tausend Jahre alten Holzsäulen, denen weder Schädlinge noch die Zeit etwas anhaben konnten.

Auf der Fahrt zur *Großen Mauer* geraten wir in einen Stau. Alle wollen die Mauer sehen. Doch anstatt im Bus zu warten, überzeugen wir die Reiseleiterin, dass wir die restlichen drei Kilometer bis zur Mauer doch auch zu Fuß gehen können. Nach meinen Erfahrungen in Indien stört es mich nicht mehr, wenn zwischen mir und den entgegenkommenden Autos und Bussen nur ein Abstand von einem halben Meter ist. Alles eine Sache der Gewöhnung! Leider wird das Wetter schlechter. Ein weißer Nebel legt sich über die Berge und hüllt die Mauer ein. Die Szenerie wirkt gespenstisch. Am Eingang haben wir die Wahl: Entweder wir steigen den steilen Weg zum Westberg oder den flacheren zum Ostberg hoch. Natürlich reizt mich wie alle anderen der höhere *Westberg*, doch oben werde ich bei diesem Wetter keine Sicht haben. So entscheide ich mich für den Ostberg. Der Aufstieg ist auch ziemlich steil und die Treppenstufen wechseln zwischen einer und vier Ziegelsteinhöhen. Oben wird es gemütlicher, es geht wellenförmig weiter. Der Weg verläuft nicht eben, sondern geht auf sanfte Weise etwas runter und wieder hinauf. Meine Wahl stellt sich als sehr weise heraus. Neben der etwas besseren

Sicht genieße ich die Ruhe. Hier bin ich so gut wie allein unterwegs. Nach einer Stunde endet der Weg und ich muss wieder zurück. Am Anfang der Mauer entdecke ich eine Eisenkette, an der viele Schlösser angebracht sind. Später erfahre ich, dass Paare, die sich auf ewig binden wollen, hier ein Schloss, um das sie vorher noch ein rotes Glücksband gebunden haben, anbringen und den Schlüssel über die Mauer werfen.

Am nächsten Morgen ist das Wetter noch schlechter. Die Regenzeit hat einen Monat zu früh eingesetzt. Trotzdem mache ich mich auf den Weg in die *Verbotene Stadt*. Der einheitliche Baustil des Palastes mit seinen gelben Ziegeldächern, den wunderschönen Verzierungen und der roten Wandfarbe wirkt sehr harmonisch. Die Gebäude haben so klangvolle Namen wie *Tor der Höchsten Harmonie, Halle der Höchsten Harmonie, Halle der Erhaltung der Harmonie, Palast der Himmlischen Reinheit, Halle der Berührung von Himmel und Erde, Palast der Irdischen Ruhe oder Palast der Herzensbildung*. An den Auf und Abgängen der verschiedenen Paläste liegen in der Mitte große Steinplatten, in die Bilder gemeißelt sind. Der größte Stein wiegt zweihundert Tonnen. Um den Stein transportieren zu können, mussten sich die Chinesen etwas einfallen lassen. Sie spritzten im Winter die Wege nass und auf der entstandenen Eisfläche konnte der Steinblock dann Stück für Stück geschoben werden. In der schön gestalteten Gartenanlage im Norden gibt es über dreihundert Jahre alte Zypressen. Nach chinesischem Glauben residierte im Kaiserpalast der *Sohn des Himmels*, der für Frieden, Wohlstand und Sitten verantwortlich war. Während die über 15 000 Palastbewohner den Palast ihr Leben lang nicht verlassen durften, war für normale Sterbliche der Zutritt grundsätzlich verboten. Deshalb erhielt der auch den Namen *Verbotene Stadt*.

Vom Kaiserpalast spaziere ich zum *Platz des Himmlischen Friedens* weiter. Am 1. Oktober 1949 hat Mao Zedong vom *Tor des Himmlischen Friedens* aus die *Volksrepublik China* verkündet. Dort fanden auch die Studentendemonstrationen 1989 statt, bei denen viele Menschen ums Leben kamen. Ich erlebe hier viel Polizei- und Militärpräsenz. Sie sind auf den Straßen, in den Unterführungen und an den Monumenten. Eigentlich kann mir nichts passieren. Meine *Free Tibet*-Tasche ist bereits in Deutschland und eine Demonstration will ich nicht anzetteln. Trotzdem fühle ich mich bei all der Beobachtung nicht wohl. Mit über 400 000 Quadratmetern gehört dieser Platz zu den größten der Welt. Auf ihm und um ihn herum befinden sich geschichtsträchtige Monumente, aber dafür habe ich im Moment keinen Blick. Der Regen hat zugenommen und ich muss mich nach einem trockenem Plätzchen umsehen. Ich kaufe mir einen Regenschirm, kann ihn aber nicht öffnen, da die Spitzen ständig umknicken. Die Verkäuferin zeigt mir schließlich die *chinesische Technik* des Schirmöffnens. Ich muss den Schirm beim Öffnen nach vorne stoßen – und schon hat er die richtige Form. Gewusst wie!

Was liegt näher, als nach dem Besuch des Kaiserpalastes ein *kaiserliches Menü* einzunehmen. Der Tisch ist reserviert und das Essen vorbestellt. Den Zettel mit der chinesischen Wegbeschreibung habe ich in meiner Jackentasche. Nun muss ich nur noch ein Taxi finden, aber wo? Ich dachte immer, dass dies in einer Großstadt kein Problem sei, aber jetzt bin ich mir nicht mehr so sicher. An diesen großen Straßen sind an den Seiten überall Gitter aufgestellt, da kann kein Taxi halten. Dank eines Polizisten finde ich einen Platz, an dem ich eines anhalten könnte, doch bei diesem Regen sind alle besetzt. Ich warte mit mehreren Chinesen, doch nichts passiert. Nachdem sich die Einheimischen verzogen haben, mache ich mich ebenfalls zu Fuß auf den Weg. Es muss doch irgendwo einen Platz geben, wo Taxis halten können! Die Leute, die ich anspreche, können mir nicht helfen. Sie sprechen Mandarin und ich Schwäbisch … Mit Englisch komme ich ebenso wenig weiter. Nach einem strammen Fußmarsch von einer halben Stunde finde ich vor dem Porschecenter eine englischsprechende Frau, die mir weiterhilft. Fünf Minuten später stehe ich tatsächlich an einem Taxistandplatz, aber kein Taxifahrer will mich zu dieser Adresse fahren. Warum eigentlich nicht? Irgendwann kommt ein Fahrer auf mich zu und nennt mir eine Summe, für die er mich fahren würde. Er begründet den überteuerten Preis mit der Rushhour. Was bleibt mir übrig? Inzwischen bin schon froh, dass mich überhaupt einer fährt. Nach einer Stunde sitze ich also erleichtert im Auto und nach einer weiteren halben Stunde bin ich am Restaurant. Als ich dort meine Story erzähle, erfahre ich, dass manche Taxifahrer wegen der engen Straßen nicht in diesen alten Stadtteil fahren wollen. Nun sitze ich im Restaurant von Professor Li und freue mich auf mein Menü aus der *Kaiserküche*.

Professor Lis Großvater war während der Qingdynastie ein ranghoher Beamter und für die Sicherheit der Kaiserfamilie zuständig. Ebenso war er für die kaiserlichen Bankette und die Menüzusammenstellung verantwortlich. So hatte Professor Li schon von Kindheit an eine Passion für exzellente kulinarische Gerichte entwickelt, die er an seine drei Töchter weitergab. Die Familie eröffnete 1985 dieses Restaurant, um die authentischen Gerichte aus der Kaiserküche bekannt zu machen. Auf mich warten jetzt sowohl kaiserliche als auch traditionelle Pekinggerichte. Ich bekomme zehn Vorspeisen, acht Hauptgerichte, eine Suppe und zwei Nachspeisen serviert. Alles natürlich in kleinen Portionen – aber trotzdem ist es viel zu viel. Eine zweite Person hätte davon auch noch satt werden können. Ein vom Restaurant bestelltes Taxi bringt mich dann ohne Probleme in mein Hotel zurück.

Passend zum *Sommerpalast* scheint am anderen Tag ein wenig die Sonne. Der Palast im Nordwesten Pekings ist in eine wunderbare Landschaft eingebettet. Beim Bau wurde darauf geachtet, dass nicht nur die Gebäude eine Harmonie ausstrahlen, sondern dass sie auch mit der Natur eine Einheit bilden. Der Wandelgang mit einer Länge von siebenhundertachtzig Metern ist der längste der Welt. An seinen Holzwänden und Balken befinden sich insgesamt 14 000 Bilder. Wer die hundert Stufen zum *Pavillon des göttlichen Wohlgeruchs* erklimmt, soll hundert Jahre alt werden. Mal sehen, ob das bei mir zutrifft. Zum Abschluss gönne ich mir eine Fahrt auf dem kaiserlichen See.

Am nächsten Tag habe ich Glück und finde gleich ein Taxi. Der Fahrer chauffiert mich zum *Himmelstempel.* Neben der *Verbotenen Stadt* und dem *Sommerpalast* wurde auch er zum Weltkulturerbe ernannt. Die gesamte Tempelanlage steckt voller Symbole. Vor allem die Zahl *neun* hat eine große Bedeutung. Die weltberühmte *Echowand* wurde früher dafür benutzt, dem einfachen Volk einzureden, dass Gott alles höre. So einfach konnten die Menschen damals manipuliert werden! Insgesamt bin ich von der Anlage sehr beeindruckt. Müde vom Besichtigen zieht es mich in die Stadt zum Verspeisen einer *Pekingente*. Das *Quan-Zhude-Restaurant* ist das berühmteste Pekingentenlokal. Doch wie schon in Hongkong hat mich auch hier das Gericht *Pekingente* nicht überzeugt. Viel lieber esse ich einen guten brasilianischen *Churrasco*.

Die *Olympischen Spiele* in Peking beginnen leider einen Monat zu spät für mich. Darum kann ich mir nur die Stätten anschauen und auch die nur von außen, da noch niemand hineindarf. Wieder bin ich auf einen Chinesisch sprechenden Taxifahrer gestoßen. Er versucht mir zwar manches zu erklären, aber es nützt nichts: ich verstehe im wahrsten Sinnes des Wortes nur *chinesisch*. Trotzdem bin ich von der Konstruktion des Olympiastadions sehr beeindruckt. Die Chinesen nennen es liebevoll *Vogelnest*.

Wo kann ich nur *Tugrig* wechseln? Am liebsten hätte ich jetzt schon etwas mongolisches Geld, doch nicht einmal die *Bank von China* wechselt *Tugrig*. Meine letzte Hoffnung ist das Lufthansacenter. Als ich im fünften Stock zur Wechselstube gehe und dabei durch eine Haushaltswarenabteilung komme, verschlägt es mir die Sprache: Von der Einrichtung über die Atmosphäre bis hin zu den Markenartikeln habe ich das Gefühl, nicht mehr in Peking, sondern im *Lotter* in Ludwigsburg zu sein. *Tugrig* gibt es hier aber leider auch nicht, dafür decke ich mich für die nächsten zwei Tage mit Lebensmitteln ein. Wer weiß, was ich im Zug zu Essen bekomme werde!

DAS ABENTEUER TRANSSIB BEGINNT

ETAPPE 1: VON PEKING NACH ULAN BATOR – 1561 KILOMETER

Vom Westbahnhof startet meine Fahrt mit der *Transsibirischen Eisenbahn*. Dort komme ich mir fast wie auf einem Flughafen vor. Mein Gepäck wird geröntgt, danach warte ich im *Soft-Wartesaal*, bis der Zug angezeigt wird. Am Gate muss ich mein Ticket vorzeigen und erst danach darf ich auf den Bahnsteig. An jedem Waggon steht an der Tür eine Zugbegleiterin, die nochmal das Ticket kontrolliert. Dann darf ich endlich hinein.

Ich habe eine Liege in einem Vierbettabteil gebucht. Mit einem Mann, zwei Frauen und einem Kind teile ich das Abteil. Wieder kann niemand Englisch und wir müssen uns mit Zeichensprache verständigen. Im Abteil gibt

es einen Tisch mit Tischdecke, darauf befindet sich eine Vase mit einer Kunstrose. Wir haben einen Spiegel, zwei Kleiderbügel und unter den Betten sogar Badeschlappen. Die Liegen sind mit einem Betttuch bezogen, dazu gibt es eine Bettdecke und ein Kopfkissen. Man merkt dem Zug zwar an, dass er nicht mehr der neueste ist, aber alles in allem ist es im Abteil bequem. Nur unsere Tür ist ein Problem. Nachdem wir sie geschlossen haben, können wir sie nicht mehr öffnen! Wir sind eingeschlossen. Was nun? Irgendwann bekommt das Zugpersonal unser Problem mit und rüttelt von außen, während wir von innen nichts unversucht lassen. Mit Gewalt bekommen wir sie schließlich auf. Ab jetzt dürfen wir sie nicht mehr schließen!

Meine Angst, auf der Fahrt zu verhungern, ist unbegründet. Ich kann sowohl im Zug, als auch auf den Bahnhöfen etwas kaufen. Es gibt jedoch keine festen Abfahrtszeiten und auch kein Abfahrtssignal. Der Zug fährt einfach irgendwann wieder los. Sollte ich aussteigen, darf ich mich nicht sehr weit vom Zug entfernen, andernfalls könnte es geschehen, dass der Zug ohne mich abfährt. Darum wird einem geraten, immer seine Papiere, Geld und etwas Warmes zum Anziehen bei sich zu tragen. Also beschließe ich, besser in den Speisewagen zu gehen. Dort sitzt gerade das gesamte Personal mit seinen Blechnäpfen beim Essen. Als sie mich sehen, hören alle zu essen auf und blicken mich an. Wie unangenehm! Am liebsten hätte ich mich unsichtbar gemacht. Mit Zeichensprache mache ich deutlich, dass ich etwas essen möchte. Mit Zeichensprache fragt der Koch, ob ich Geld habe. Ich zeige ihm meinen *Fünfzig-Yuan-Schein* (circa fünf Euro) und er lacht. Er nimmt mich mit in die Küche und zeigt mir das Essen. Für *zwanzig Yuan* bekomme ich das gleiche Essen wie das Personal: ein Schälchen Reis, ein Schälchen Gemüse und ein Schälchen Rindfleisch mit Knochen. Wieder im Speisewagen werde ich erneut von allen beobachtet. Wie froh bin ich, dass ich mit Stäbchen essen kann! Allerdings esse ich mit der linken Hand, was in China allen Regeln widerspricht. Was sie sich dabei wohl denken mögen? Wieder zurück im Abteil nehme ich einen Schluck von meinem 56-prozentigen Reisschnaps. Sicher ist sicher! Dieses Essen wird ein unvergessliches Erlebnis bleiben.

Meine Zugstrecke verläuft nördlich von Peking durch die Berge, bevor sie durch landwirtschaftliches Gebiet führt. An einer Stelle kann ich sogar einen alten Teil der *Großen Mauer* sehen. Am schönsten sind für mich die alten *Karawansereien*, die sich links und rechts der Strecke befinden. Nach zwölf Stunden komme ich in

Hohot an und steige in den nächsten Zug nach *Ulan Bator* um. Der Zug ist eine neuere Ausführung mit dem Nachteil, dass die Liegen viel schmaler als im ersten Zug sind. Trotzdem schlafe ich ganz ordentlich. Als ich um 7.30 Uhr aufwache, sind wir bereits im chinesischen Grenzbahnhof *Erlian* angekommen. Unser Wagen steht in einer Halle, in der die Fahrgestelle für die mongolische Spur gewechselt werden. Da jetzt nichts passieren kann, verlasse ich den Zug, um auf die Naturtoilette zu gehen. Die Zugtoiletten werden nämlich grundsätzlich einige Zeit vor Ankunft in den Bahnhöfen geschlossen und erst einige Minuten nach Abfahrt wieder geöffnet. Gegen 11.00 Uhr steht der Zug abfahrbereit am Bahnhof, aber nichts geschieht. Wir fahren erst um 16.30 Uhr weiter. Warum, weiß keiner. Eine halbe Stunde später stehen wir am mongolischen Grenzbahnhof. Auch dort warten wir nochmals geschlagene fünfeinhalb Stunden bis wir endlich weiterfahren können. Warum wir insgesamt fünfzehn Stunden gestanden sind, bleibt allen ein Rätsel. Im Dunkeln sind wir in *Hohot* abgefahren, im Dunkeln fahren wir nach *Ulan Bator* weiter. So habe ich mir die Fahrt mit der *Transsib* eigentlich nicht vorgestellt. Wenigstens haben wir am nächsten Morgen eine schöne Morgenstimmung am Himmel und ich entdecke sogar einige *Gazellen.* Einfach toll! Kurz nach elf Uhr fahren wir in Ulan Bator ein.

Ab in die Wüste

„Du bist der Boss“, sagt *Batsur*, mein mongolischer Reiseleiter. Das Ehepaar, das mit mir eine siebentägige *Gobireise* gebucht hatte, hat kurzfristig abgesagt. Nun sitze ich auf dem Beifahrersitz eines Toyota Landcruiser und habe einen Fahrer, einen Reiseleiter und einen Koch für mich allein. Tanja, eine alleinerziehende Mutter, hat mit ihrem 13-jährigen Sohn Max die gleiche Tour in einem zweiten Jeep gebucht. Jetzt machen wir uns gemeinsam auf den Weg. Unser Ziel ist die *Gobi*. Bis zu dieser Fahrt stellte ich mir unter diesem Wort immer nur eine Wüste vor, doch ich erfahre, dass wir in der *Gobi* durchaus auch andere Landschaften sehen werden. Da bin ich ja mal gespannt!

Die Autopiste ist in einem ordentlichen Zustand. Bei einer Durchschnittsgeschwindigkeit von sechzig bis achzig Stundenkilometer kommen wir gut vorwärts. Den Mongolen ist es egal, ob wir schnell oder langsam fahren oder wie viele Kilometer wir fahren – am Ende wird immer nur gefragt, ob wir gut angekommen sind. Es laufen mehrere Pisten nebeneinander und die Fahrer wählen diejenige aus, die sie als die Beste erachten. Leider haben wir innerhalb kürzester Zeit zwei Platten. Da wir zwei Ersatzreifen dabei haben, ist das aber kein Problem. Am Abend werden die Reifen von Hand geflickt und wieder aufgepumpt. Ob der Reifen genügend Luft enthält, testen sie mit einem Hammer, indem sie kräftig auf den Reifen klopfen. Im Auto hören wir mongolische Musik und meine drei Begleiter singen voller Stolz die Lieder mit. Unterwegs geht man übrigens nicht zur Toilette, sondern man geht entweder Pferde oder Kamele schauen, je nachdem, ob man ein kleines oder großes Geschäft zu erledigen hat ...

Unser erstes Ziel ist die *Mittelgobi*. Da es in den letzten beiden Wochen viel geregnet hat, ist alles grün. Der blaue Himmel, die Berge in der Ferne und das sattgrüne Gras ergeben ein stimmungsvolles Bild. Durch die Lüfte schwingen sich *Adler, Habichte, Bussarde* und *Geier*, die größten Vögel der Mongolei. Wir sehen Pferde- und Kamelherden. Als wir bei einer Schaf- und Ziegenherde stoppen, kommt ein Hirte auf uns zugeritten. Er steigt vom Pferd, begrüßt die Männer und dann beginnt ihr ureigenes Ritual. Sie setzen sich alle in die Hocke, holen ihre Tabakfläschchen heraus und lassen sich gegenseitig an ihrem Tabak riechen. Das Tabakfläschchen ist der Stolz der Männer. Sie zeigen damit ihren Reichtum. Je wertvoller das Fläschchen, desto reicher der Mann. Ich bin in der Mongolei angekommen!

Wir übernachten bei Nomaden. Die junge Familie überlässt uns ihre *Jurte* und sie schläft in der elterlichen Jurte. Die Größe einer Jurte bestimmt die Anzahl der Wände. Wir haben eine *Vierwand-Jurte*. In ihr befindet sich alles, was man braucht: ein Waschbecken, ein Ofen, der mit getrocknetem Dung befeuert wird, ein Wohnzimmerschrank, eine Spiegelkommode, ein Schrank für die Bettdecken, ein Bett, ein Bücherregal und ein Hausaltar. Nur die Toilette ist ungefähr fünfzig Meter entfernt. Wände und Boden sind mit Teppichen ausgelegt. Von einem Teppich lächelt uns sogar Mona Lisa an.

Die Tiere sind der Reichtum der Nomaden. Die Größe einer *Schaf- und Ziegenherde* kann zwischen hundert und zweitausend Tieren variieren. Manche Familien besitzen auch *Kühe, Pferde* und *Kamele*. Ihr Leben fernab der Zivilisation ist zwar hart, aber den meisten Familien geht es gut.

Vor ihren Jurten stehen Motorräder, Jeeps und Busse russischer Bauart. Dank Solarenergie und Satellitenschüssel haben die meisten einen Fernseher; auch ein Handy gehört inzwischen zu ihrem Alltag. Sowohl bei ihnen als auch bei meinen Begleitern versuche ich meine wenigen mongolischen Wörter anzubringen. Doch scheinbar ist meine Zunge nicht für diese Sprache geeignet. Auch nach einer Woche habe ich noch immer Schwierigkeiten *Danke* und *Guten Morgen* richtig auszusprechen.

Jährlich findet vom 11. bis zum 13. Juli das Naadamfest in *Ulan Bator* statt. Es ist das größte Sport- und Kulturfest in der Mongolei, man nennt es auch die *mongolischen olympischen Spiele*. Als Wettbewerbe gibt es *Ringen, Bogenschießen* und *Reiten*. Nach *Ulan Bator* dürfen nur die Besten, deshalb finden davor in den einzelnen Regionen Ausscheidungswettkämpfe statt. Wir haben Glück und können in *Dalandzadgad* bei den Ringern zuschauen.

Vor jedem Kampf stellen sich die Ringer mit einem Ritual vor, bei dem sie ihren Stolz und ihre Kampfbereitschaft zum Ausdruck bringen. Dann geht es los. Es gibt

keine Punktwertung wie im Ringsport, sondern gewonnen hat derjenige, der seinen Partner als Erster auf den Boden wirft. Mit Spannung verfolge ich einen Kampf zwischen einem Schwer- und einem Fliegengewicht. Bei uns würde man sofort von Ungerechtigkeit sprechen, aber hier spielen weder Alter noch Gewicht eine Rolle. Ich bin natürlich für den *David* und Dank seiner Schnelligkeit gewinnt er tatsächlich den Kampf. Danach wird das Siegerritual zelebriert. Sieger und Verlierer umarmen und beklatschen sich gegenseitig. Der Gewinner bekommt den Siegerhut aufgesetzt und läuft dann mit schwingenden Armen um ein Podest. Der Sieger deutet damit an, dass er so stark wie ein Adler ist. Ich hätte gerne auch die Pferderennen und das Bogenschießen gesehen, aber beide Wettbewerbe waren leider schon beendet.

So fahren wir zur *Geierschlucht* weiter. Es ist eine grüne Berglandschaft, die den Alpen ähnelt und ich kann erneut Edelweiß finden. Leider können wir keine Geier sehen, dafür aber kleine *Erdmännchen*. Doch das Besondere der Schlucht ist der *Gletscher*, der sich dort befindet. Das Eis, auf dem wir spazieren, ist im Juli noch immer bis zu einem Meter dick. Ein Gletscher in der Wüste – unglaublich, aber wahr!

Ein weiterer Höhepunkt sind die *Singenden Dünen* in *Hongory Els*, die größten Dünen der Mongolei. Kurz nach unserer Ankunft zieht ein Sandsturm auf. Alles wird eingepackt und wir verkriechen uns in die Autos. Mein Zelt hebt ab. Hätte mein Rucksack nicht im Zelt gelegen, wäre es mit Sicherheit weggeblasen worden. Die Männer befestigen es gleich wieder. Es wird nun mit anderen Zelten verbunden und an einer Stelle wird ein Wasserkanister als Sicherung angebracht. Nach einer Stunde ist alles vorbei und *Batsur* organisiert ein Kamel für mich.

Mit einer mongolischen Begleiterin reite ich die Dünen entlang. Als Sattel dient nur ein Teppich, aber selbst nach einer Stunde habe ich noch keine Sitzprobleme. In Zeichensprache signalisiere ich der Mongolin, dass sie mich am Aufstieg der Düne absetzen soll. Ich ziehe meine Schuhe aus und los geht es. Wer schon einmal Sanddünen bestiegen hat, weiß, wie anstrengend das ist! Bei jedem Schritt rutscht man die Hälfte wieder zurück. Die Düne ist sehr steil und ich gehe in Serpentinen nach oben. Kurz vor dem Ziel bin ich so kaputt, dass ich sogar ans Aufgeben denke. Das letzte Stück ist am steilsten und der Sand kommt mir bei jedem Schritt auch noch von oben entgegen. Ich nehme meine Hände zur Hilfe – so geht es tatsächlich besser. Oben angekommen gibt es als Belohnung einen traumhaften Blick auf die andere Seite. In der untergehenden Sonne kann ich weitere Dünenlandschaften bestaunen.

Doch der Wind nimmt zu und peitscht den Sand um mich. Was soll ich machen? Gleich wieder absteigen nach all der Mühe? Nein! Obwohl ich ganz alleine hier oben bin, entscheide ich mich, zu bleiben. Meine Regenjacke ist ein guter Schutz. Ich gehe an der wie mit einem Lineal gezogenen Kante der Düne noch einige Zeit weiter, dann hüpfe ich die Dünen hinab. Das ist superklasse und bereits nach zehn Minuten bin ich unten. Beim Essen spüre ich allerdings den feinen Sand, der sich auf meine Zähne gelegt hat.

An einem anderen Tag entdecken wir *Gazellen*. Sie sprinten in einiger Entfernung von uns über die Ebene. Mein Fahrer will sich den Tieren nähern und weicht von der Piste ab. Er gibt Gas und versucht, die vorderste Gazelle einzuholen. Doch das Gelände hat heimtückische Bodensenken und er muss einen Zickzackkurs fahren. Als wir die Gazelle fast eingeholt haben, ist der Graben zu tief und wir müssen aufgeben. Aber es war trotzdem toll, die Tiere so hautnah beobachten zu können.

Noch seltener sind die *Steinböcke* zu sehen. Wir haben erneut Glück und können sie einmal beim Hochklettern an den Felsen beobachten.

Die meiste Zeit fahren wir jedoch über weites flaches Land, so dass ich sehr weit schauen kann. In der Ferne meine ich, einen See zu erkennen. Er flimmert in der Hitze, aber beim Näherkommen verschwindet er wieder. Eine *Fata Morgana*. Diese Luftspiegelungen sind so täuschend echt, dass ich froh bin, in einem Auto zu sitzen und genügend Wasser zu haben. Im Sommer betragen die *Temperaturen* leicht vierzig Grad.

Wir fahren zum *Flammenden Kliff*, einem Canyon aus rotem Lehm. Ein Amerikaner hat dort Anfang des 20. Jahrhunderts hundertfünfzig Dinosaurierskelette ausgegraben und über China in die USA ausgeführt. Für die ahnungslosen Mongolen hatte der damalige Fund keine Bedeutung. Beim Abstieg in den Canyon zeigt mir Batsur *Dinosauriereier*, die sich noch in den Wänden befinden. Von der Abendsonne angestrahlt leuchtet der Canyon feuerrot – daher hat er auch seinen Namen.

Gleich daneben befindet sich der *Saxaulwald*. Das Besondere dieses Waldes ist das extrem langsame Wachstum. Das Holz, das früher auch als Brennmaterial verwendet wurde, brennt so langsam wie Kohle.

Auf der Rückfahrt nach *Ulan Bator* stoppen wir bei den *Klosterruinen* von *Ongi Hiid*. Vor der Zerstörung 1939 durch die Kommunisten lebten dort circa tausend Mönche. Damit gehörte *Ongi Hiid* zu den vier größten Klöstern der Mongolei. Außer den Ruinen gibt es nur einen kleinen neu erbauten Tempel sowie einige alte Fundstücke zu sehen. Am letzten Abend entdecke ich auf einem Felsen ein *Geiernest*. Ich will zwar nicht die *Geierwalli* spielen, aber mit Batsur klettere ich in einiger Entfernung die Felsen hinauf, um das Nest näher betrachten zu können.

Die mongolische Hauptstadt *Ulan Bator* hat wenig zu bieten. Es gibt das *Gandan-Kloster*, den *Suche-Bator-Platz* mit seinem neuen beeindruckenden Regierungsgebäude, *Khanbräu*, wo schwäbisch-mongolisches Bier hergestellt und getrunken wird, und das *Sacher-Café* mit leckerem Apfelstrudel und tollem Brot. Das wirklich Aufregende in der Stadt ist allerdings der Versuch, heil über die Straße zu kommen – besonders wenn man aus der Wüste kommt. Die Mongolen halten nämlich nicht, aber irgendwie muss man ja hinüberkommen. Doch auch dieses Abenteuer überlebe ich, so dass ich unbeschadet in den Zug einsteigen kann.

ETAPPE 2: VON ULAN BATOR NACH IRKUTSK — 1113 KILOMETER

Tanja und ihr Sohn Max teilen mit mir das Abteil. Allerdings haben wir eine ungünstige Zugverbindung und fahren zwei Nächte durch. Am Tag stehen wir mal wieder an der Grenze. Dieses Mal sind es aber *nur* zehn Stunden. Dadurch sehen wir auf dem angeblich schönsten Teilstück der *Transsib* sehr wenig. Wenigstens haben wir in unserem Wagen nette Reisegefährten aus verschiedenen Ländern, mit denen wir uns im Gang unterhalten

Als die mongolischen Grenzbeamten mit den Kontrollen beginnen, müssen wir uns allerdings in unser Abteil zurückziehen. Sobald wir auf dem Gang erscheinen, schickt uns die Zugbegleiterin mit strengen Worten ins Abteil zurück. Nicht nur wir, sondern auch das Abteil wird strengstens kontrolliert. Es könnte ja jemand über die Grenze geschmuggelt werden.

In *Irkutsk* angekommen, steige ich gleich in die *Alte Baikalbahn* um. Die Strecke von *Kultuk* bis *Port Baikal* war bis 1904 das letzte fehlende Glied der *Transsib*. Sie führt direkt am *Baikalsee* entlang und wurde seit dem Bau kein einziges Mal repariert. Heute ist die Bahnlinie ein Denkmal. Mit neununddreißig Tunnel, achtzehn Galerien und 352 großen und kleinen Brücken war diese Strecke das komplizierteste Teilstück der gesamten Transsibstrecke und gilt als Kleinod der Ingenieurstechnik. Ich freue mich vor allem über das blaugrün leuchtende klare Wasser und die herrliche Blumenvielfalt entlang der Strecke. Für die Menschen, die hier in kleinen Dörfern leben, ist neben dem Zug der See die einzige Verkehrsanbindung. Im Sommer benutzen sie das Boot, im Winter fahren sie mit dem Auto über den zugefrorenen See. In *Port Baikal* setze ich mit der Fähre nach *Listwjanka* über, und von dort geht es mit dem Auto zurück nach *Irkutsk*.

Der Baikal – das heilige Meer Sibiriens

In der Sprache der Burjaten bedeutet *Baikal: erhabenste Schöpfung der Natur.* In der jakutischen Sprache heißt er *großes Meer.* Beides trifft auf ihn zu. Er ist mit 25 Millionen Jahren nicht nur der älteste, sondern auch der tiefste (1 637 Meter), wasserreichste, sauberste und wohl auch geheimnisvollste See der Erde. Sichelförmig erstreckt er sich auf einer Länge von 634 Kilometern (München – Hannover) von Südwest nach Nordost. Mit seiner Wassermasse könnte er ein halbes Jahrhundert

lang die Weltbevölkerung mit Trinkwasser versorgen. Deshalb nennen ihn die Russen auch *Brunnen des Planeten.* Mehr als dreihundert Flüsse und Bäche speisen den See und nur der mächtige Fluss *Angara* verlässt ihn wieder. Die zoologische und botanische Vielfalt des *Baikal* gibt den Wissenschaftlern bis heute noch viele Rätsel auf.

In *Irkutsk* treffe ich meine Freundin Juliane aus Luxemburg. Sie wird die nächsten zwei Wochen bis *Moskau* mit mir zusammen reisen. Unser erstes Ziel ist die *Insel Olchon*, die dreihundert Kilometer nördlich von *Irkutsk* liegt. Sie ist die größte Insel des Baikalsees. Während der vier Tage, die wir auf der Insel verbringen, wohnen wir in *Chuschir*, mit 1 400 Personen der Hauptort der Insel. Unser kleines Häuschen mit Blick auf den *Baikal* steht am Ortsrand. *Olchon* gilt zwar noch als Geheimtipp, aber wenn man sieht, wie viele neue Häuser entstehen, wird die Zahl der Touristen in den nächsten Jahren erheblich ansteigen. Es hat sich schon einiges verändert, seit die Insel vor drei Jahren Strom erhalten hat.

Fließendes Wasser gibt es auf der Insel aber noch nicht. Zum Waschen füllt man Wasser in einen Trichter. Am unteren Ende befindet sich ein Stöpsel, den man nach oben drückt und schon fließt Wasser heraus. Diese Waschstelle, die sich im Freien befindet, wird vor allem zum Zähneputzen, Hände- und Gesichtwaschen benutzt. Es gibt hier keine Duschen, dafür das russische *Banja:* Das separat stehende Holzhaus hat mehrere

Räume. Es gibt einen Schwitzraum mit hohen Temperaturen, einen Waschraum, in dem man sich das Wasser in einer Waschschüssel mischt und nach dem Einseifen über den Körper gießt, und als kühlsten Raum den Umkleideraum. Zuerst sind wir skeptisch, doch dann gefällt es uns so gut, dass wir richtige *Banja*-Fans werden. Der *Baikal* setzt mit vierzehn bis sechzehn Grad Wassertemperatur im Sommer dagegen ganz andere Maßstäbe. Es heißt ja, dass man sieben Jahre länger lebt, wenn man im *Baikal* gebadet hat, trotzdem traue ich mich nur mit den Füßen ins Wasser. Vielleicht zählt ja dreimal mit den Füßen wie einmal ganz!

Die *Insel Olchon* ist neunzig Kilometer lang und fünfzehn Kilometer breit und besticht durch die weite hügelige Steppe im Westen und die Waldgebiete mit Lärchen und Kiefern im Osten. Bei einer Inseltour in den Norden kommen wir an wandernden Dünen vorbei, an einem ehemaligen Gefangenenlanger und der Felsformation *Drei Brüder*, die mit seltenen roten Flechten bewachsen ist. Die Nordspitze der Insel verdankt ihren burjatischen Namen *Kap Chobai (Reißzahn)* einer senkrecht aus dem Felsen ragenden Klippe. Sie ist zugleich eine heilige Stätte, wo jeder eine persönliche Habe hinterlässt. Am *Baikal* gibt es viele heilige Plätze, die alle zu einer besseren Gesundheit und einem klaren Geist verhelfen sollen. Im Süden der Insel besuchen wir den *Schara-Nur-See*, einen Salzsee, der stark mineralisiert ist. Das Wasser und der Schlamm werden für Kurzwecke verwendet.

Selbstverständlich muss ich auch einmal *auf* dem *Baikal* gewesen sein, deshalb unternehmen wir eine eintägige Bootstour. Die Einheimischen haben großen

Respekt vor dem *Baikal* und wissen um dessen Gefährlichkeit bei schlechtem Wetter. So wird nur bei gutem Wetter gefahren. Das Wetter spielt mit, allerdings hat unser Schiff Probleme und wir kommen erst mit einstündiger Verspätung los. Wir fahren auf die Insel *Ogoi*, auf der Buddhisten aus verschiedenen Nationen einen *Stupa* errichtet haben. Danach geht es ans Westufer zur heiligen Quelle *Ubugun Chuschun*. Von den zwei Wasserrinnen, die von der Quelle ausgehen, ist eine für Frauen und die andere für Männer bestimmt. Für die Rückreise fülle ich mir eine Flasche Wasser ab.

Mit am schönsten sind für uns die Sommerabende. Von unserer Anhöhe aus haben wir einen tollen Blick auf den *Schamanenfelsen*, das größte Heiligtum der Insel. Nicht ohne Grund ranken sich viele Legenden um diesen der Küste vorgelagerten Kalkfelsen. Er hat eine besondere Ausstrahlung und lässt kaum jemanden unberührt. Sein Anblick wird uns innerlich noch lange begleiten. Nach vier Tagen fällt es uns schwer, die Insel zu verlassen.

Julianes Gepäck ist beim Zoll in Moskau hängen geblieben und wir versuchen, während der Zeit auf *Olchon*, es freizubekommen. Bei solchen Problemen sind die neuen Kommunikationsmittel Handy und Internet ein Segen – aber nur, solange sie funktionieren! Beim Handy ist der Akku bald leer und das Ladegerät befindet sich natürlich im Gepäck in Moskau. Das Internet funktioniert nur ab und zu, da am Satellit *Sputnik* Reparaturarbeiten vorgenommen werden. Dank der Hilfe unseres Wirtes *Nikita* können wir wenigstens mit *Irkutsk* telefonieren. Doch aller Einsatz ist vergeblich. Das Gepäck ist auch nach einer Woche noch in Moskau und wir werden es erst dort erhalten. Für Juliane wird diese Situation zu einem zwar ungewollten, aber doch auch spannenden Experiment. Wie viel Gepäck braucht der Mensch wirklich zum Reisen? Ich helfe ihr so gut ich kann aus, andere Kleinigkeiten werden gekauft – und das war's.

ETAPPE 3: VON IRKUTSK NACH MOSKAU – 5191 KILOMETER

Wie könnte es anders sein: auch von *Irkutsk* nach *Taischet* fahren wir in der Nacht. Es ruckelt und zuckelt manchmal so stark, dass mir angst und bange wird. Aber wir kommen nach siebenhundert Kilometern sicher an. Die nächsten zwei Tage verbringen wir in einem typisch sibirischen Dorf. *Birjusa* ist bereits dreihundertfünfzig Jahre alt und gehört damit zu den ältesten Dörfern Sibiriens. Neben den sechshundert Menschen, die im Ort leben, gibt es noch ein Kinderheim, in dem zurzeit zweiundneunzig Kinder untergebracht sind. In unserer privaten Unterkunft bekommen wir leckere Hausmannkost aus dem eigenen Garten und sogar nochmals in den Genuss des russischen *Banja*. Auf dem gleichnamigen Fluss unternehmen wir eine Bootstour, verbunden mit einem Picknick auf einer Insel.

Bis *Moskau* sind es drei Tage und drei Nächte und wir müssen fünf Mal die Zeit umstellen. Der Zug ist nur mit Russen belegt, die kaum Englisch sprechen und so unterhalten wir uns mit Hilfe meines Kauderwelsch-Sprachführers. Es macht Spaß und wir lachen viel. In unserem Abteil steigt die Temperatur allerdings auf dreißig Grad. Unser Fenster lässt sich leider nicht öffnen, da der Holzrahmen alt und morsch ist. Deshalb gehen wir ab und zu in den Speisewagen. Die Speisekarte können wir zwar nicht lesen, doch Tee, Kaffee und Bier können wir auch so bestellen. Ich bin bass erstaunt, als uns brasilianisches Bier angeboten wird – aber das wollen wir in Russland nicht. Beim Essenbestellen haben wir eine andere Strategie. Zuerst schauen wir, was die anderen essen und wenn es lecker aussieht, bestellen wir es auch. Das funktioniert richtig gut.

Wir fahren vorbei an Misch- und Birkenwäldern, kleinen Dörfern und Blumenwiesen, die in dieser Jahreszeit ihre volle Pracht zeigen. In der Region um *Krasnojarsk* sehen wir besonders viele schöne *Datschen* (Holzhaus auf dem Lande, in dem die Städter am Wochenende und im Sommer wohnen).

Als ich am anderen Morgen aufwache, sind wir bereits in *Nowosibirsk*. Ich staune nicht schlecht, als unser Zugbegleiter mit Staubsauger und Lappen auftaucht und unser Abteil sauber macht. Der Gang wird nass gewischt und die Toiletten sind ebenso sauber. Bis *Jekaterinburg* fahren wir durch weites, flaches Land – die *Westsibirische Tiefebene*. Kein Baum gehört für mich mehr in diese sibirische Weite, als die *Birke*. Da sie zu meinen Lieblingsbäumen gehört, genieße ich die Fahrt umso mehr. Der Zug erreicht in dieser Ebene auch seine Höchstgeschwindigkeit. An den Bahnhöfen kommen Frauen in die Züge. Sie wollen Pelzmützen, Strickjacken, Stolen, Socken und geräucherte Fische verkaufen. Am nächsten Bahnhof steigen sie dann aus und fahren mit dem Zug am gegenüberliegenden Bahnsteig wieder zurück. Fünfzig Kilometer hinter *Jekaterinburg* erreichen wir mitten in der Nacht das *Uralgebrige*, die natürliche Grenze zwischen Europa und Asien. Vom Steinobelisken an der Grenze sind es *nur* noch 1 777 Kilometer bis nach Moskau. Der letzte Tag verläuft unspektakulär zwischen Zugabteil und Speisewagen, Landschaft schauen, Kreuzworträtsel lösen und Schiffe versenken. Wir haben uns an das Leben im Zug gewöhnt.

Moskau empfängt uns bei sechzehn Grad und Regenwetter. Unser erster Weg führt sofort zum Flughafen, um endlich Julianes Gepäck abzuholen. Dort erfahren wir, dass es inzwischen nach *Irkutsk* geschickt wurde. Jeder nimmt Anteil an unserem Problem und jeder will sich bemühen, aber sobald wir nachfragen, bekommen wir unterschiedliche Informationen. Wer soll da wissen, was nun stimmt! Nun wollen sie das Gepäck nach Luxemburg schicken. Eine unendliche Geschichte mit hoffentlich gutem Ausgang ...

Seit meinem ersten Aufenthalt vor zwanzig Jahren hat sich *Moskau* sehr herausgeputzt. Die Stadt ist inzwischen zur drittteuersten Stadt der Welt geworden. Wir schauen uns die wunderschönen Metrostationen an, die während der Stalinherrschaft gebaut wurden. Der *Rote Platz* mit *Basiliuskathedrale, Kreml* und dem *Kaufhaus GUM* gehört auch zu unserem eintägigen Besichtigungsprogramm. Im *Baltschug-Kempinski,* das noch immer zu den besten Hotels in Moskau gehört, relaxen wir bei einem Drink in der Hotelhalle und genießen den Service der Angestellten. Ich kann sogar für zwanzig Minuten kostenlos das Internet benutzen. Am nächsten Tag fliegt Juliane nach Luxemburg zurück und ich nehme den Zug nach Berlin.

Es ist gut, ein Ziel für die Reise zu haben,
aber es ist die Reise, die am Ende zählt.

Ursula K. Leguin

Aschaffenburg
WÜRZBURG
Ochsenfurt
BAYERN
Uffenheim
BADEN-
WÜRTTEMBERG
Schrozberg
Rothenburg
ob der Tauber
Langenburg
Heilbronn
Schwäbisch
Hall
Murrhardt
Gaildorf
LUDWIGSBURG
Winnenden
STUTTGART

KAPITEL 11

Zu Fuß nach Hause

UNTERWEGS AUF DEM FRÄNKISCH-SCHWÄBISCHEN JAKOBSWEG

Berlin Gesundbrunnen: Mit knapp einer Stunde Verspätung fährt der Zug von Moskau nach Berlin am Bahnhof ein. Aber was ist das schon bei einer Strecke von etwa 1 600 Kilometern, sechsundzwanzig Stunden Fahrzeit und der Überquerung von drei Landesgrenzen. An der weißrussisch-polnischen Grenze standen wir über drei Stunden, denn es wurden mal wieder die Fahrgestelle gewechselt. Danach ging es in der Nacht recht holprig durch Polen. Ich konnte kaum schlafen und bin froh, heil anzukommen. Im Nachbarabteil ist ein Mitreisender bei dieser unruhigen Fahrt sogar aus dem Bett gefallen.

Wie schön, dass Irmgard und Friedbert Zeit haben und ich bei ihnen Station machen kann. Das macht das Ankommen angenehmer. Bei ihnen kann ich meine Wäsche waschen und mein Gepäck um achtzehn Kilo erleichtern. Alles, was ich nicht mehr brauche, wird jetzt nach Hause geschickt.

Am meisten irritiert mich, dass ich wieder alles verstehe. So viele Informationen strömen auf mich ein, die ich gar nicht wissen will. *Willkommen in Deutschland!*

Als ich mich am nächsten Tag auf den Weg mache, liegen auf meiner Route noch achthundert Kilometer bis Ludwigsburg vor mir. Doch ich fahre nicht direkt nach Hause durch, sondern mein nächster Stopp ist bereits in *Hannover*. Dort treffe ich mich mit Kirsten und Heidi, die voriges Jahr beim Abschied am Asperger Bahnhof dabei waren. Die langsame Rückreise tut mir gut. Noch sind es sechshundert Kilometer.

Weiter geht es nach *Würzburg* zu Elisabeth und Peter. Bei ihnen treffe ich die letzten Vorbereitungen für den *Jakobsweg*. Nun sind es noch 225 Kilometer und neun Tage.

UNTERWEGS MIT LEICHTEM GEPÄCK

Elisabeth bringt mich bis *Randersacker*, wo ich in den *Jakobsweg* einsteige. Welch schönes Gefühl ist es, wieder als Pilgerin unterwegs zu sein! Ich bin gespannt, wie es mir in den nächsten Tagen ergehen wird, da ich dieses Mal alleine unterwegs bin: „Werde ich auf andere Pilger treffen? Wie wird es meinen Füßen ergehen? Sind die Wege gut ausgeschildert? Wie wird das Wetter sein?“, lauter Fragen, die mir durch den Kopf gehen. Deutschland ist eben nicht Spanien, aber ich freue mich auf die Herausforderungen. Auf jeden Fall merke ich recht schnell, dass ich innerlich und äußerlich mit leichtem Gepäck unterwegs bin. Das fühlt sich richtig gut an.

Ich entscheide mich, jeden Tag einem Reiseabschnitt zu widmen und so nochmals Rückschau zu halten. In den ersten Tagen treffe ich zwar keine Pilger, dafür werde ich aber als *Pilgerin* erkannt. Eine Radfahrerin stoppt ihre Fahrt und fragt mich: „Sind sie Pilgerin?“ „Ja“, antworte ich. „Und wo geht es hin?“, fragt sie weiter. „Nach *Ludwigsburg*.“ Ich erzähle ihr: „Letztes Jahr bin ich nach *Santiago de Compostela* gepilgert und jetzt bin ich auf dem *fränkisch-schwäbischen Jakobsweg* unterwegs nach Hause.“ „Wir waren in Spanien mit dem Fahrrad auf dem Jakobsweg unterwegs.“, antwortet sie. Die Pilgerschaft verbindet uns.

Andere, denen ich begegne, berichten mir aus ihrem Leben. Vor einer Kirche treffe ich eine ältere Frau, die mir erzählt, wie schön die Kirche hier ist und dass ich sie mir auf jeden Fall anschauen müsse. Dann erzählt sie weiter. „Wissen Sie, ich bin eine einfache Bauersfrau und habe fünf Kinder groß gezogen. Nächste Woche werde ich neunundachtzig Jahre alt und habe so manche körperliche Beschwerden, doch ich bete jeden Tag zum Heiligen Geist, dass ich im Kopf klar bleibe.“ Demenz zu bekommen, ist ihre größte Angst. Als ich schon wieder unterwegs bin, bedauere ich, dass ich ihr nicht gesagt

habe, was sie Großes in ihrem Leben geleistet hat. Was hat diese Generation nicht alles leisten müssen und wie wenig Anerkennung haben sie dafür bekommen!

Erstaunt bin ich wirklich über die wunderschönen Dorfkirchen, die sich entlang des Weges befinden. Das hätte ich hier überhaupt nicht vermutet. Doch leider gibt es einen Wehrmutstropfen – meine Füße! Ich hatte mich entschieden, in Turnschuhen zu gehen, aber auch das ist nicht die Lösung. Die Schmerzen sind zwar nicht so stark wie in Spanien, aber ich bekomme wieder Probleme. Außerdem haben die Schuhe so sehr auf meine großen Zehennägel gedrückt, dass diese blau geworden sind. Das hat wenigstens den Vorteil, dass ich sie nicht mehr lackieren muss!!

In *Rothenburg ob der Tauber* kaufe ich mir schließlich doch zu meinem Geburtstag ein paar Trekkinghalbschuhe. Meine Turnschuhe samt den zerschlissenen Socken lasse ich gleich im Laden zurück. Obwohl ich in den Schuhen wesentlich besser gehen kann, bin ich letztendlich nie ganz schmerzfrei. Eigentlich schade, da mir doch das Pilgern so gut gefällt. Hier in diesem mittelalterlichen Städtchen *Rothenburg* tauche ich nochmals in die große weite Welt ein. Es wimmelt von ausländischen Touristen und ich habe wieder mehr das Gefühl, Weltreisende zu sein. Beim Frühstück komme ich mit einem Paar aus Taiwan in Kontakt: „Woher seid ihr", frage ich. „Aus Taiwan", antworten sie. „Ende April war ich auch in Taiwan", berichte ich ihnen. Dass ich in Taiwan war, können sie fast nicht glauben. „Was hast du da gemacht?", wollen sie neugierig wissen. „Ich bin mit einem Containerschiff von *Chile* nach *Hongkong* gefahren und wir waren einen Tag zum Löschen und Laden in *Keelung*. Ein Taxifahrer hat mir die Stadt gezeigt.", schildere ich ihnen meine Erlebnisse. Sie freuen sich richtig, dass jemand ihr Land besucht hat. Andererseits ist die Welt hier in *Rothenburg* auch wieder ganz klein. Als ich die Tourist-Info bitte, mir für den nächsten Tag eine Unterkunft in *Schrozberg* zu buchen, teilen sie mir: „Das ist nicht möglich." Auf meine Nachfrage hin teilen sie mir mit: „Wir können keine Unterkunft buchen, da *Rothenburg* in *Bayern* und *Schrozberg* in *Baden-Württemberg* liegt." Ich kann es nicht fassen!

Letztendlich telefoniere ich am Samstagmorgen mit dem Bürgermeister von *Schrozberg*, der mir tatsächlich weiterhelfen kann. Die Stadt hat im ehemaligen Krankenhaus ein Pilgerquartier eingerichtet, in dem ich übernachten kann. Nach solchen Schwierigkeiten bin ich erstaunt, dass weder die Bayern noch die Württemberger einen Grenzposten aufgestellt haben. Unbemerkt überschreite ich die Grenze und komme meiner Heimat ein gutes Stück näher.

Auf dieser Etappe treffe ich zum ersten Mal Pilger: eine achtköpfige Familie, die für drei Tage unterwegs ist. Sie bietet mir sogar an, auf der nächsten Etappe meinen Rucksack zu transportieren, was ich gerne annehme. In *Langenburg* übernachten wir in der gleichen Unterkunft und gehen am Abend gemeinsam essen. Am nächsten Morgen sitzt ein weiterer Pilger am Frühstückstisch. Er ist auf dem Weg von *Belgien* nach *Jerusalem*. Das sind sage und schreibe 5000 Kilometer! An Neujahr will er dort sein. Ich wünsche ihm alles Gute.

Auf den nächsten beiden Etappen kann ich zweimal bei Vroni und Monika in *Gaildorf* übernachten, da die Etappenziele *Schwäbisch Hall* und *Murrhardt* nicht weit entfernt sind. In den Dörfern, die ich durchquere, komme ich immer wieder mit Menschen ins Gespräch. Zu einem Bauer sage ich: „Die Gegend hier ist unglaublich schön.“ Er freut sich sehr über meine Aussage und meint dann: „Wissen Sie, es ist auf der ganzen Welt schön. Man muss nur hinschauen.“ Ich kann ihm nur zustimmen, habe ich mir doch gerade die Welt angeschaut. Eine ältere Frau fragt mich: „Haben Sie keine Angst so alleine im Wald?“ Ich erwidere ihr: „Wissen Sie, außer mir ist sowieso keiner im Wald, deshalb brauche ich keine Angst zu haben.“ Andere fragen mich nach meinem Weg, woher ich komme und wohin ich will. Wenn ich ihnen dann von der Reise, die hinter mir liegt, erzähle, reagieren sie zuerst irritiert, weil sie es nicht glauben können. Danach kommen dann interessante Gespräche zustande. Eine Frau Mitte sechzig ist einfach fassungslos: „Das ist ja unglaublich, was Sie geleistet haben. Ich wollte auch schon immer die *Transsibirische Eisenbahn* fahren, aber jetzt bin ich dafür zu alt“, meint sie dann. „Nein“, sage ich und ermutige sie, ihren Traum wahr werden zu lassen. „Ich habe so einen verrückten Vetter, vielleicht würde der sogar mit mir mitfahren.“ Als ich mich schon von ihr verabschiedet habe und ein Stück des Weges gegangen bin, kommt sie mit dem

Auto hinterher gefahren. „Wohin wollen Sie denn heute?“, fragt sie mich, denn sie hat gesehen, wie ich humpelnd weitergegangen bin. „Ich fahre Sie überall hin, wohin Sie wollen.“ „Nein danke“, sage ich herzlich, „ich will zu Fuß weitergehen, auch wenn meine Füße etwas schmerzen.“

Bei der Überquerung von Straßen fällt mir auf, dass ich es gar nicht mehr gewohnt bin, auf Ampeln zu achten. Mein Blick sucht das gelbe Muschelzeichen auf blauem Untergrund – und wenn ich es gefunden habe, geht es einfach weiter. Auf dem vorletzten Streckenabschnitt kann ich schon den *Lemberg*, den *Stromberg* und das *Brandholz* samt Berliner Hochhaus in *Bietigheim* erkennen. Auf dieser Tagesetappe bin ich mehr als je zuvor ins Pilgern eingetaucht. Ich habe ein Gefühl dafür bekommen, was es bedeutet, als Pilgerin unterwegs zu sein. Pilgern bedeutet für mich auf jeden Fall nicht von Ort zu Ort zu eilen und eine bestimmte Anzahl an Kilometern zurückzulegen. Viel mehr bedeutet es, Zeit zu haben und in den Augenblick einzutauchen.

Dazu gibt es keinen passenderen Satz, als das folgende chinesische Sprichwort:

„Schildkröten können dir mehr über den Weg erzählen als Hasen.“

Wie wahr das doch ist!

Noch eine Nacht in einem fremden Bett und dann bin ich wieder zu Hause. Auf der einen Seite freue ich mich, morgen daheim zu sein, auf der anderen Seite ist es auch ein komisches Gefühl, dass das Reisen nun zu Ende sein soll.

Wie wird das Einleben gelingen? Wie wird die Umstellung vom Leben aus dem Rucksack zum Leben in der Wohnung sein? In Winnenden kann ich privat bei einer Familie übernachten, die Pilgern kostenlos ein Zimmer zur Verfügung stellt. Das ist noch mal eine schöne Erfahrung. Am nächsten Morgen, als ich mir die *Schlosskirche* anschauen will, kommt gerade der Organist mit dem Fahrrad angefahren. Er erkennt mich an der Pilgermuschel, spricht mich an und schließt mir die Kirche auf. Der Altar, der zu den schönsten *Jakobusaltären* überhaupt gehört, ist wirklich beeindruckend. Nebenbei kann ich noch seinem Orgelspiel lauschen. Eine schöne Einstimmung auf meinen letzten Tag.

BEGRÜSSUNG AUF DER NECKARBRÜCKE

In *Winnenden* komme ich später los als gedacht. Da ich nicht weiß, wie lange ich brauchen werde, steige ich vom Pilgerschritt auf ein sportliches Gehen um, schließlich will ich ja zwischen zwölf und dreizehn Uhr an der *Neckarbrücke* sein. Ab jetzt gibt es kein Pilgerzeichen mehr und ich gehe auf den ausgeschilderten Fahrradwegen. Genau an der Stelle, an der es kein Hinweisschild gibt und ich nicht weiter weiß, taucht ein Mann auf, der mir den Weg erklärt. Eine Erfahrung, die ich auf dem *Jakobsweg* häufig gemacht habe. Als ich in *Bittenfeld* ankomme, weiß ich, dass die Zeit reicht und ich kann sogar eine Pause machen. In *Hochberg* kaufe ich beim Bäcker noch ein Vesper und eine Flasche Wein, denn das Getränk des Pilgers will ich bei meiner Ankunft unbedingt dabei haben.

Es ist genau zwölf Uhr und ich habe noch einen knappen Kilometer zu gehen. Meine Anspannung wächst. Wie wird der Empfang werden? Wer wird wohl alles da sein? Vor der Brücke habe ich noch eine Ampel zu überqueren und dann bin ich da. Erst jetzt sehe ich, wer alles gekommen ist: Fritz mit Ute, Lea und Moritz, Margot und Moni, Rose, Ute, Uschi mit Gudrun und Sabine, Hildegard und Renate, Hans und Anni. Später kommt noch Beate dazu. Als Willkommensgruß halten sie ein Transparent hoch und stimmen ein Geburtstagsständchen an. Auf einem anderen Plakat brennen Wunderkerzen in Form von zwei Achten. Es ist ein besonderer Moment und ich bin zutiefst berührt. Margot macht eine Flasche Sekt auf und wir stoßen an und dann muss ich natürlich meinen Wein aufmachen.

Im *Bootshaus* in *Remseck* gehen wir gemeinsam Mittagessen. Danach geht es auf das letzte Teilstück. Rose geht bis zum Biergarten in Hoheneck mit, Beate bis zum Favoritepark und Moni bringt mich bis zur Haustüre. Als ich meine Wohnung aufschließe, wartet eine weitere Überraschung auf mich: Margot, meine Nachbarin, hat mir im Wohnzimmer einen roten Teppich ausgelegt. Außerdem bin ich bei ihr zum Abendessen und am nächsten Morgen zum Frühstück eingeladen.

Schöner hätte das Ankommen nicht sein können!

Willkommen Edeltraud
HALLO
EDELTRAUD
♡lich
willkommen im
Schwabenländle

Statt eines Nachworts

DER KÜRZESTE WEG ZU SICH SELBST FÜHRT RUND UM DIE WELT!

(Hermann Alexander Graf Keyserling)

Einmal die Welt umrunden, den Alltag hinter mir lassen, neue Menschen und Länder kennenlernen, langsam reisen, mich neuen Herausforderungen stellen, Erfahrungen sammeln – es war ein großes Vorhaben, dem ich mich gestellt habe. Nun bin ich wieder zurück in Deutschland.

Was ist geblieben? Was nehme ich mit in den Alltag? Zum einen sind es die äußeren Erlebnisse: Städte und Natur, Architektur und Landschaften von atemberaubender Schönheit, gastfreundliche und hilfsbereite Menschen, aber auch das Leid und die Not. Es schmerzt in der Seele, zu sehen, unter welchen Bedingungen Menschen leben müssen.

Wichtiger als die äußeren Erlebnisse sind aber meine inneren Entwicklungen. Es gab immer wieder Herausforderungen, die ich bewältigen musste. So manches Mal fühlte ich mich überfordert. Doch ich lernte, mit Situationen umzugehen und Geduld zu entwickeln. Es gab immer Lösungen. Besonders hilfreich waren mir in schwierigen Situationen meine Lebensregeln, von denen die meisten bereits auf dem Jakobsweg entstanden sind. Sie gaben mir Kraft und Halt.

MEINE ZWÖLF GANZ PERSÖNLICHEN LEBENSREGELN

LEBENSREGEL 1: LOSLASSEN UND VERTRAUEN

In all meinem Tun will ich immer wieder loslassen und mich Gott anvertrauen.

Gott, die universelle Lebenskraft und Energie, weiß, was ich brauche. Das bedeutet für mich aber nicht, nur die Hände in den Schoß zu legen und zu warten, was passiert. Ich selbst muss meinen Anteil auch dazu beitragen.

Loslassen heißt für mich, alles aus meinen Händen zu geben – im Vertrauen, dass ich das bekomme, was ich brauche.

Das macht Angst und erfordert Mut. Aber ich habe die Erfahrung gemacht, dass Gott für mich sorgt und das Beste will. Er lässt mich nicht im Stich.

Für mich ist es wichtig, immer wieder in dieses Vertrauen zu kommen und zu wissen, dass alles zum Besten geschehen wird.

LEBENSREGEL 2: MEINEM KÖRPER GUTES TUN

In den vergangenen Jahren habe ich mich meistens erst dann um meinen Körper gekümmert, wenn er krank war. Auf dem Jakobsweg war es ebenso. Ich habe fast dreihundert Euro für meine kranken Füße ausgegeben. Niemals hätte ich so viel Geld ausgegeben, wenn ich gesund geblieben wäre. Diese Erkenntnis hat mich ziemlich geschockt.

Aber genau darum geht es: Tue deinem Körper etwas Gutes, solange es ihm gut geht und nicht erst, wenn er darniederliegt.

Damit hat sich meine Grundhaltung um hundertachtzig Grad gedreht.

LEBENSREGEL 3: AUS DER ENGE IN DIE WEITE

Besonders auf dem Pilgerweg nahm ich im Handeln, in Gesprächen und in meinen Gedanken eine Enge wahr, die mir vorher nie in dieser Weise bewusst war. Eigentlich will ich nicht eng(stirnig) sein, aber ich bin es. Das festzustellen, ist schon unangenehm. Doch wenn ich es bemerke, kann ich mich öffnen und aus der Enge in die Weite gehen.

Aber warum habe ich diese Enge in mir? Es kommt mir vor, als ob ich damit etwas festhalten möchte – vertraute Muster, meine Sicherheit, mein Leben. Doch erst, indem ich mich öffne, kann Neues entstehen, kann ich Neues empfangen.

LEBENSREGEL 4: LEBE MIT HINGABE

Wie ist meine Haltung beim Tun? Tue ich etwas, einfach damit es getan ist? Oder tue ich es mit einer bestimmten Haltung? Ich glaube, dass ich mir meiner Haltung oft gar nicht bewusst bin und etwas einfach tue.

Es ist mir ein großes Anliegen, mir meiner inneren Haltung bewusst zu werden – bei allem. Wie ist meine Haltung beim Aufstehen, Waschen, Anziehen, Essen, Arbeiten? Bei der Begegnung mit anderen? Es ist mir ein großes Bedürfnis, eine liebevolle fürsorgliche Haltung bei meinem Tun zu entwickeln.

LEBENSREGEL 5: EINFACH SEIN

„Ich muss nichts tun, sondern einfach nur da sein." Das habe ich in einem Buch über *Gewaltfreie Kommunikation* gelesen. Das habe ich auf dem *camino* und auch beim Sterben meines Vaters erlebt. Mein zuerst hilfloser Aktionismus verwandelte sich damals immer mehr in ein *Sein*. Eine wunderbare Erfahrung!

Außerdem heißt es für mich auch, den Augenblick so zu genießen, wie er gerade ist. Oft ist es so, dass ich mir im jeweiligen Moment etwas anderes wünsche. Doch ich will lernen, den Moment zu genießen: den Moment des Alleinseins, den Moment mit anderen zusammen und den Moment der Arbeit. Einfach in der Gegenwart *sein* und sie annehmen, wie sie ist. Jeder Moment hat seine eigene Qualität.

LEBENSREGEL 6: MEINER INTUITION TRAUEN

Darf ich meiner Intuition trauen und danach handeln? Als Kind lernte ich, so zu leben, dass es den anderen gefällt. Auf keinen Fall auffallen – was könnten sonst die anderen denken! Wie oft bin ich deshalb meiner Intuition *nicht* gefolgt. Meistens habe ich sie schon beim ersten Impuls abgewürgt. Doch wenn ich ihr gefolgt bin, war es immer gut. Deshalb ist es mir so wichtig, meiner Intuition zu trauen, im Kleinen wie im Großen. Deshalb ist es wichtig, aufmerksam und wach für jeden Impuls zu sein. In der Intuition bin ich mit Gott verbunden, durch sie wird Gott wirksam.

LEBENSREGEL 7: ÜBERPRÜFEN,WAS FÜR MICH STIMMIG IST

Oft prasseln Eindrücke und Meinungen von anderen Menschen regelrecht auf mich ein. Warum wollen Menschen einem die eigene Meinung aufschwatzen, ohne dass ich sie danach frage? Nicht alles, was ich höre, tut mir gut. Was hilft meiner Entwicklung weiter? Welche Gedanken öffnen mein Herz und bringen meine Energie zum Fließen? Es gilt wach hinzuschauen, was mich weiterbringt und vor was ich mich schützen möchte. Sowohl Paulus als auch der Dalai Lama betonen, dass man nicht alles einfach annehmen soll. Wir sollen alles prüfen und das Gute behalten. Das ist wirklich eine große Aufgabe, doch ich will es versuchen.

LEBENSREGEL 8: MEINE FREIHEIT LEBEN

Was heißt Freiheit? Gibt es die überhaupt, die absolute Freiheit? Im Äußeren kann es sie nicht geben. Egal wo ich bin: immer bin ich in etwas eingebunden. Selbst auf dem Schiff bin ich nicht frei, denn das Meer zwingt mich, auf dem Schiff zu bleiben. Die absolute Freiheit kann es nur im Innern geben. Im Prinzip kann ich mich in jeder Sekunde meines Lebens neu entscheiden. Ich brauche nur den Mut dazu, es umzusetzen.

LEBENSREGEL 9: ICH BEKOMME HILFE

Wie oft schon habe ich anderen geholfen. Wie viele Male habe ich zugehört, zugepackt und Menschen auch finanziell unterstützt. Oft blieb es bei dieser Blickrichtung.

Doch wie oft habe ich schon Hilfe bekommen, wurde mir Gutes getan? Als mir das bewusst wurde, fiel mir plötzlich ein, wie viel mir auf meiner Reise geholfen wurde. Es ist so viel mehr, als ich denken und wirklich erfassen kann.

LEBENSREGEL 10: DANKBARKEIT

Dankbarkeit ist ein großes und wichtiges Übungsfeld. Ich möchte täglich danken, für alles was in meinem Leben geschieht – im Großen wie im Kleinen. Was geschieht nicht alles, wofür ich danken kann! Nachdem ich das einmal erkannt habe, weiß ich, wie reich mein Leben eigentlich ist und wie vieles ich im Alltag noch übersehe.

LEBENSREGEL 11: DIE ANGEMESSENEN BEDINGUNGEN SCHAFFEN

Damit etwas eintreten kann, müssen die angemessenen Bedingungen geschaffen werden. Eine Blume kann nur am entsprechenden Platz ihre volle Pracht entfalten. Gemüse muss am passenden Ort gepflanzt werden, um zu gedeihen. Meditatives Gehen gelingt nur, wenn ich vorher auf der Toilette war. Egal um was es geht: wenn ich nicht die geeigneten Bedingungen dafür schaffe, werden mein Tun und meine Wünsche nicht zum Ziel führen.

LEBENSREGEL 12: ALLES BRAUCHT ZEIT

Nicht alles gelingt beim ersten Mal. Oft braucht es viele Wiederholungen, bis sich eine neue Erkenntnis gefestigt hat. Deshalb darf ich mit mir auch nicht zu streng sein, wenn etwas nicht auf Anhieb gelingt. Ich will einfach Geduld aufbringen, vielleicht auch einmal darüber lachen, wenn ich wieder mal auf alte Muster reingefallen bin und darf wissen, dass alles seine Zeit braucht.

Natürlich sind meine Regeln keine neuen Entdeckungen. Diese Weisheiten gab es schon immer und wird es weiterhin geben. Das Neue für mich ist, dass sie dieses Mal aus meinen inneren Prozessen heraus entstanden und zu meinen ganz persönlichen Regeln geworden sind. Ich habe sie mit Haut und Haaren erfahren und sie haben mir auf meiner Reise wirklich Halt gegeben.

DIE REISE – MEIN GRÖSSTER LEHRMEISTER

Im Nachhinein kann ich sagen, dass diese Reise der größte Lehrmeister meines Lebens war. Ich habe in diesem Jahr unglaublich viel gelernt. Ich musste ständig handeln, Entscheidungen treffen, neue Herausforderungen bewältigen. Es gab keinen Alltag mit vorgegebenen Strukturen, ich musste mich immer wieder auf Neues einlassen und neue Strukturen schaffen.

Das war mitunter sehr anstrengend. Doch in diesen Situationen hat mir die Geschichte des *kleinen Prinzen* sehr geholfen. So wie der Fuchs den kleinen Prinzen bat, ihn zu zähmen, damit sie Freunde werden können, so musste ich mir immer wieder Länder, Städte und Menschen vertraut machen. Danach war es dann leichter.

Eine meiner großen Lebensfragen ist die Frage nach dem *Sinn des Lebens*. Was macht Leben aus, was ist die Quintessenz? Diese Frage stelle ich mir immer beim Reisen in Bezug auf das Leben der Menschen in ihren Ländern. Auf dieser Jahresreise bin ich mit vielen verschiedenen Menschen und deren Leben in Kontakt gekommen. Egal wo ich war: überall ging es darum, die jeweiligen Aufgaben und Herausforderungen des Lebens zu meistern. Dabei habe ich eine weitere Lebensweisheit in einer mir unbekannten Tiefe begriffen, die Hermann Hesse sehr treffend formuliert hat:

„Wir verlangen,
das Leben müsse einen Sinn haben,
aber es hat nur ganz genau so viel Sinn,
als wir selbst ihm zu geben imstande sind."

Genau so ist es, und zwar an jedem Ort der Welt.

Betroffen, nein sogar geschockt, war ich über alte Konditionierungen, die in entsprechenden Situationen wirksam waren. Meine Mutter hatte sich das Leben ihrer Tochter anders vorgestellt, als ich es geführt habe. Darum hatte ich als junger Mensch immer das Gefühl, für mein Leben Rechenschaft ablegen zu müssen. Meine Vorhaben mussten sozusagen gelingen, damit man mir nicht vorwerfen konnte, meine Entscheidungen seien falsch gewesen. Ich war mehr oder weniger zum Erfolg verdammt.

So ein Leben ist natürlich sehr anstrengend, denn Rückschläge gibt es immer. Aber Niederlagen gehören zum Leben und sind Erfahrungen, die einen im Leben weiterbringen.

Auf meiner großen Reise habe ich gemerkt, wie stark diese alten Konditionierungen noch wirkten und wie oft ich mir selbst große Vorwürfe machte, wenn etwas daneben ging. Im Nachhinein bin ich über meine Erkenntnis sehr froh, denn nun kann ich dieses Muster schneller erkennen und mich auch daraus befreien.

In diesem Zusammenhang stellte ich auch fest, dass kleine und große Probleme viel häufiger auftreten, als ich es wahrhaben will. Doch nicht die Schwierigkeiten sind entscheidend, sondern vielmehr, *wie* ich mit ihnen *umgehe*. Laufe ich vor ihnen weg oder finde ich Lösungen?

Ebenso lernte ich sowohl meine Geduld als auch meine Ungeduld in viel stärkerem Ausmaß kennen.

Schwierig war für mich, meine körperlichen Grenzen zu akzeptieren. Ich, die früher immer fit war und leicht mithalten konnte, war plötzlich die Schwächste. Mir einzugestehen, dass es nicht mehr so geht wie in jüngeren

Jahren, fiel mir unendlich schwer. Zunächst war es wie eine *Niederlage*, doch nach und nach fand ich meinen Frieden damit.

Die neuen Erfahrungen, die ich aufgrund dieser Grenzen sammelte, waren ein tolles Geschenk.

Außerdem habe ich gelernt, dass zum Reisen Ruhezeiten gehören, ja, sogar wichtig sind. Körper, Geist und Seele brauchen Pausen, um sich zu erholen und die Erlebnisse zu verarbeiten.

Interessant war, dass ich das Wetter einfach so annahm, wie es war. Auch beim Essen machte ich die gleiche Erfahrung. Manchmal fehlte mir zwar eine Tafel *Ritter Sport* oder eine Packung *Haribo*, aber ansonsten aß ich das, was es gab. Ich nahm es, wie es kam und es war gut so.

Noch mehr erstaunt und überrascht hat mich, wie ich mit den ständigen Änderungen meiner Reise umging. Früher wäre für mich manche Änderung zu einem Drama geworden. Doch jetzt konnte ich relativ schnell Pläne loslassen und mich auf das Neue einlassen. Vielleicht lag es im Vertrauen, dass ich alles bekomme, was ich brauche.

REISEN MACHT NACHDENKLICH

Neben all diesen Erfahrungen, die ich gemacht habe und für die ich sehr dankbar bin, neben all den faszinierenden Landschaften, die ich gesehen habe und all den Menschen, denen ich begegnet bin, hat mich das Reisen auch sehr nachdenklich gemacht.

Was ist in den letzten fünfhundert Jahren nicht alles in Südamerika und in Asien geschehen! Was wäre aus diesen Ländern geworden, wenn es keine Kolonialisierung gegeben hätte? Noch immer heißt es, dass sich die Ureinwohner der modernen Welt anpassen müssen. Aber warum? Warum lassen wir sie nicht leben, wie sie wollen und wie sie es seit Jahrhunderten gewohnt sind? Es heißt, dass im Amazonasgebiet Stämme leben, die noch niemand entdeckt hat. Hoffentlich bleibt es so! Ansonsten erleben sie dasselbe wie andere Stämme zuvor: Sie werden ihres Lebensraums und ihrer Lebensart beraubt. Sie sollen ihr Wissen preisgeben und sich dann in die moderne Welt einfügen.

Wir leben in einer Welt der *Globalisierung*. Ein Begriff, der um die ganze Welt geht und der die ganze Welt erfassen soll. Wie schnell und weitgehend wollen wir, die scheinbar Weiterentwickelten, die Welt der scheinbar Rückständigen ändern? Was geschieht im Namen des Fortschritts? Was ist der Preis dafür?

In allen Ländern, in denen ich war, sah ich Jugendliche, die gleich gekleidet waren, die einen Stöpsel im Ohr und ein Handy in der Tasche hatten. Der Materialismus greift rücksichtslos um sich und ganze Kulturen und Traditionen werden von einer Generation zur nächsten ausgelöscht. Doch das ist anscheinend egal. Was zählt ist Geld, mit dem man meint, sich alles kaufen zu können. Wir sollen nicht nachdenken, sondern konsumieren. Auf der Strecke bleibt das Menschliche. Die Menschen werden haltlos. Die Zahl der psychisch Kranken nimmt zu.

Auch stieß ich ständig auf das Thema *Macht*. Warum wollen Menschen Macht ausüben? Wie gehen Menschen mit Macht um?

In Chile wurde mir klar, dass Salvador Allende nicht den Hauch einer Chance hatte, seine Politik umzusetzen. Weder die US-Regierung noch die Mächtigen im Land hatten daran Interesse. So war seine Politik von Anfang an zum Scheitern verurteilt. Und Mao? Wie hat er seine Macht benutzt? Zum einen hat er mit seinem Machtapparat einen Großteil der tibetischen Kultur vernichtet und 1,2 Millionen Tibeter töten lassen. Zum anderen kamen im eigenen Land bis zu fünfzig Millionen Menschen ums Leben. Eine Staatsmacht, die so zerstörerisch wirkt, ist nicht glaubwürdig und dient nicht dem Leben. Auch Stalin und Hitler haben während ihrer Regentschaft in ihrem Machtbereich gewütet. Haben diese Menschen einen Minderwertigkeitskomplex und müssen sie diesen mit ihrer Macht kompensieren? Sind sie besessen von einer zerstörerischen Idee? Krank, dem Wahn verfallen?

Die Weltgeschichte war und ist voll von solchen Menschen, genauso wie sie voll von Menschen ist, die den gewaltlosen Weg suchen. Oft wendet sich eine Entwicklung erst nach bösen Irrwegen und leidvollen, schmerzlichen Erfahrungen zum Guten.

Niemand kann sich den Geschehnissen der Zeit entziehen und sich auf die Rolle des passiven Betrachters zurückziehen. Jeder Mensch trifft ständig Entscheidungen, wie er mit seiner Macht umgeht und trägt dafür die Verantwortung.

Eine spannende Frage war und bleibt auch, wie ich nach einem Jahr des Unterwegsseins mein Leben im Alltag gestalten werde. Wie wird es mir gelingen, meine Erfahrungen zu integrieren?

Positiv war bereits meine langsame Rückkehr von Berlin nach Ludwigsburg, für die ich mir zwei Wochen Zeit ließ. Zu Hause habe ich gemerkt, wie langsam alles ablief. Zuerst war ich ganz irritiert, dass ich nichts zustande brachte, bis ich gemerkt habe, dass ich einfach Zeit brauche.

Ich hatte in den ersten Wochen wenige Kontakte und in meiner Wohnung br*ach kein Aktionismus mit Putzen und Aufräumen aus. Ich machte* keinen Großeinkauf, sondern kaufte nur die Lebensmittel ein, die ich gerade brauchte. So blieben meine Schränke größtenteils leer und ich hatte trotzdem genügend zu essen.

Auch war es mir nicht wichtig, möglichst schnell wieder einen Motorroller zu besitzen. Letztendlich dauerte es fünf Wochen, bis ich wieder ein Fahrzeug hatte. Aber auch das war in Ordnung. Abends telefoniere ich nur noch bis 21.00 Uhr und mache zum Tagesausklang lieber einen Spaziergang.

Ich lebe viel mehr im Hier und Jetzt und mache mir viel weniger Sorgen um das Morgen.

Nur Reisen ist Leben,
wie umgekehrt das Leben Reisen ist.

(Jean Paul)

DANK

Zum Schluss möchte ich allen Menschen *danken*, die mich in dieser Zeit begleitet und mir hin und wieder ein Lebenszeichen geschickt haben.

Besonders bedanken möchte ich mich bei meinem Bruder *Helmut Wachtler*, der sich um meine Post und die Finanzen gekümmert hat, meiner Nachbarin *Margot Frauendorf*, die so liebevoll nach meiner Wohnung geschaut hat und bei *Familie Robert*, die ihr hin und wieder dabei geholfen hat.

Des Weiteren möchte ich mich bei all den Menschen bedanken, dich mich auf Grund meiner Reiseberichte ermutigt haben, dieses Buch zu schreiben. Ein herzlicher Dank gilt dabei *Jörg Henne*, der mit mir in zahlreichen Telefonaten die Erstkorrektur gemacht hat. Besonders dankbar bin ich meiner Freundin *Rose Müller*, die mit großem Engagement die ganzen Landkarten gezeichnet hat.

Außerdem möchte ich mich ganz herzlich bei meiner Lektorin *Ute Mayer* bedanken, die mir ein Engel geschickt hat. Ohne mich zu kennen, hat sie sich bereit erklärt, mit mir dieses Buch zu machen. Ihre fachliche Beratung war eine große Hilfe und Entlastung für mich.